YDG
首光
一道光图书

成为一道光
照亮更多人

2008 年汶川地震，长江商学院校友和员工通过各种渠道与各种形式捐款 4.3 亿元，占中国企业捐款总额的 7%；2013 年雅安地震，长江商学院校友和员工捐赠逾 2 亿元（上下图）。

2009年，中国红基会长江公益基金成立，迄今为止募款超过6000万元，执行了扶贫、教育、环保等一系列公益项目。

手拉手点燃希望，红领巾伴我成长。

2010年，长江商学院联合共青团中央启动“长江红领巾书屋公益计划”，在全国欠发达地区捐建书屋745个，受益儿童26万余人。

长江公益委员会于 2013 年 4 月成立，是长江公益的决策组织，致力于帮助长江商学院校友提升公益能力，推动社会创新与发展。

自 2014 年起，长江商学院首创校友公益课程。图为校友冯仑和长江商学院同学分享公益机构如何提升效率。

长江 EMBA 学员入学公益第一课，通过私董会的模式为公益组织能力建设和项目发展提供解决方案。

为了更好地激励长江商学院校友参与公益，首届长江公益奖于 2014 年启动，共创长江商学院校友公益文化。

第二届长江公益奖颁奖典礼暨 TED X Beijing 公益创新沙龙在北京举行。

▲
第三届长江公益奖颁奖典礼暨公益论坛在北京举行。

▲
第四届长江公益奖颁奖典礼在深圳举行。

第五届长江公益奖颁奖典礼在北京举行。

第六届长江公益奖颁奖典礼在北京举行。

▲
第七届长江公益奖颁奖典礼暨公益论坛在线举行。

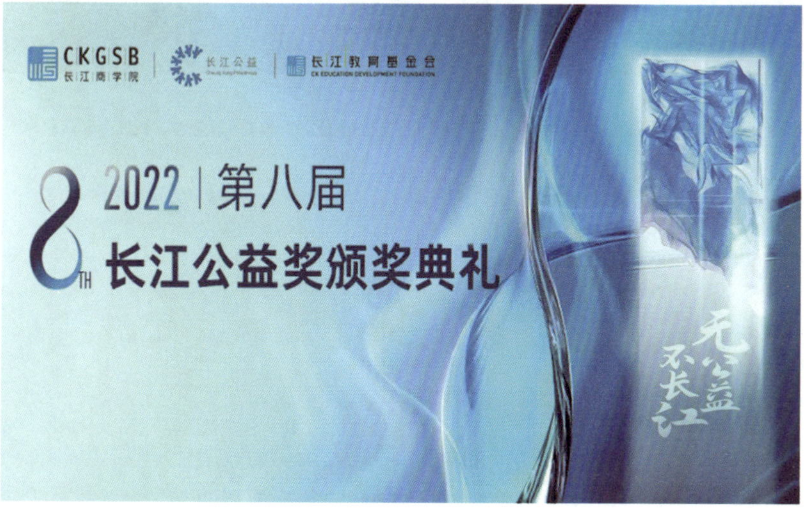

▲
第八届长江公益奖颁奖典礼在线举行。

▲
长江商学院 EMBA、MBA、企业家学者项目等课程项目全面推出公益奖学金。至今，长江商学院已为近百位公益界领袖发放公益奖学金。

▲

2017 年 11 月，长江商学院教育发展基金会正式启动。

▲

长江商学院荣获 2017 年中国企业社会责任奖“思想领袖”荣誉称号。

▲

在国家民政部主管《公益时报》主办的“2019 中国公益年会”上，长江商学院荣获 2019 年度“中国公益企业”，阎爱民教授荣获 2019 年度“中国公益人物”，李伟教授荣获 2019 年度“中国公益人物”。这是“年度公益企业”和“年度公益人物”两项年度公益大奖第三次花落长江商学院。

在 2019 年中国企业社会责任奖的评选中，长江商学院获得“员工敬业奖”“女性影响力奖”和“脱贫致富奖”三个奖项提名，并以井冈山扶贫项目赢得了“脱贫致富奖”。

2019 年 10 月，长江商学院推出首个“社会创新与商业向善”海外主题课程，近 40 位同学共同问道伦敦，理解“商业向善”，通过企业的力量推动全球社会创新。

▲

2019 年，长江商学院成立长江公益 101 咨询社，30 余位公益界校友担任咨询顾问，定制 6 大公益主题，为长江商学院校友提供公益志愿咨询服务。

▲
长江商学院推出公益平台项目，实现优质公益资源与社会需求的有效对接，推进社会问题的解决。

▲

自 2018 年开始，长江商学院每年策划出版一部《无公益，不长江》，系统介绍长江人的公益创新行动与企业家精神，探讨社会问题的解决方案。

▲
在由国家民政部主管《公益时报》主办的“2020 中国公益年会”上，长江商学院荣获 2020 年度“中国公益企业”。

▲
在由国家民政部主管《公益时报》主办的“2020 中国公益年会”上，项兵院长荣获 2020 年度“中国公益人物”。

▲
长江商学院获评凤凰网行动者联盟 2020 公益盛典“年度十大公益企业”。

▲
在由《南方周末》主办的“2020 中国企业社会责任年会”上，项兵院长荣获 2020 年度“责任先锋”。

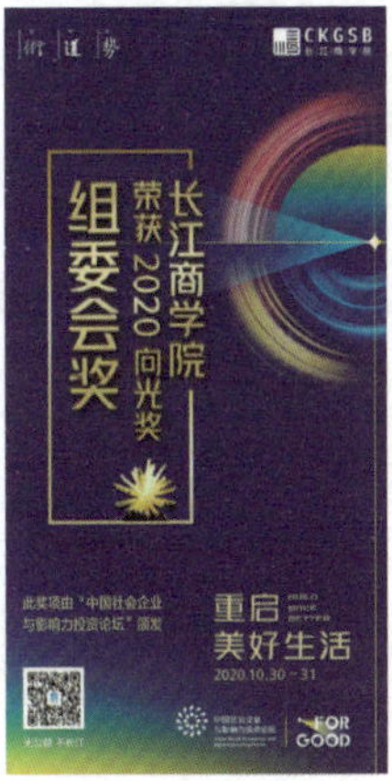

▲
在中国社会企业与影响力投资论坛年会上，长江商学院荣获“2020 向光奖组委会奖”。

▲
长江商学院市场营销学教授、社会创新与品牌研究中心主任朱睿和研究团队撰写的《未来好企业》一书获颁“2020 向光奖年度研究奖 Top3”。

在凤凰网行动者联盟 2021 公益盛典中，长江商学院获评行动者联盟 2021 公益盛典“抗洪行动奖”。

在 MBA 中国网与《经理人》杂志联合主办的 2021 中国商学院发展论坛暨教育盛典中，长江商学院荣获“2021 年度中国公益之星商学院”荣誉称号。

在由民政部主管《公益时报》主办的“2021 中国公益年会”中，长江商学院荣获“2021 年度公益学术机构”。

在由民政部主管《公益时报》主办的“2021 中国公益年会”中，长江商学院社会创新与商业向善实践课程项目荣获“2021 年度公益项目”。

在由民政部主管《公益时报》主办的“2021 中国公益年会”中，阎爱民教授荣获“2021 年度公益人物”。

2020 年，长江商学院发布《长江商学院扶贫公益案例集》。

2022 年 6 月，由凤凰网主办、凤凰网公益承办、长江商学院提供学术支持的 2022 年行动者联盟 · 企业社会责任与创新论坛中，长江商学院吉安乡村振兴与可持续发展项目获评“2022 年企业社会责任与创新案例之年度 CSR 担当者”。

长江商学院获颁由国务院扶贫办、人民日报社指导，人民网和《中国扶贫》杂志社颁发的“消费扶贫优秀案例”奖。

2022 年 12 月，阎爱民教授荣获凤凰网行动者联盟 2022 公益盛典“年度十大公益人物”。

长江商学院朱睿教授获得“2022 向光奖年度杰出贡献 TOP5”，她指导的研究《从中国慈善史看商业向善与社会创新》荣获“2022 向光奖年度学术研究 TOP10”。

在由国家民政部主管《公益时报》主办的“第七届中国公益年会”中，长江商学院荣获“年度公益企业”，项兵院长荣获“年度公益人物”。

2023 年 2 月，由《中国慈善家》主办、微博联合主办的“2022 年度慈善盛典”中，长江商学院荣获“年度责任品牌”。

2023 年 5 月，“第二十届中国慈善榜”正式发布，长江商学院荣获“年度慈善榜样”。

▲
2017—2021 年，长江商学院和吉安市政府合作，实施了结合教育、民生、产业扶贫模式的精准扶贫和乡村振兴项目。开设“领航井冈”企业家研修课程，已培养当地企业家 150 名；捐建关爱老人儿童活动中心，帮助当地销售狗牯脑茶，助力吉安可持续发展。

2021 年起，长江商学院在 EMBA、MBA 和高管培训课程项目开设社会创新与商业向善实践课程，至今已覆盖 2000 余名学员。课程要求企业家学员在各自的企业中设计并执行一个商业向善项目，通过解决社会问题创造社会价值，从而更好地让企业实现商业价值，支持企业更可持续地发展（上下图）。

2021 年 12 月，长江商学院与联合国教科文组织（UNESCO）合作备忘录签署仪式在 UNESCO 巴黎总部举行。双方将联手推出非洲“经济上新生代迭代的力量”培养项目和非洲女性领导力论坛，推动非洲包容性增长与可持续发展。

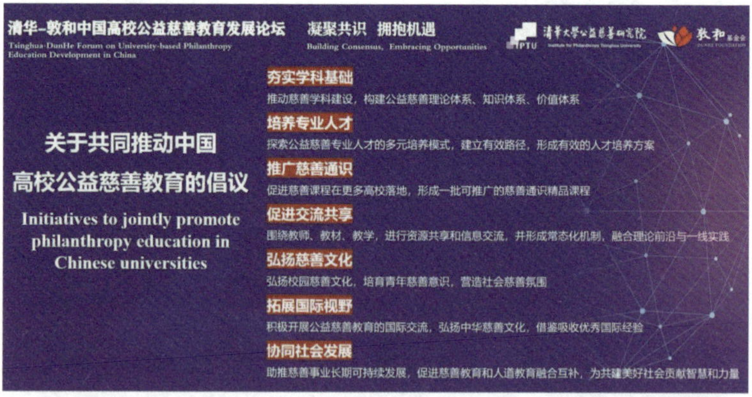

2021 年 11 月，长江商学院在内的首批 40 家高校联合发起了《关于共同推动中国高校公益慈善教育的倡议》，围绕“夯实学科基础、培养专业人才、推广慈善通识、促进交流共享、弘扬慈善文化、拓展国际视野、协同社会发展”七个方面，期待共同谱写中国高校公益慈善教育新篇章。

2022 年 5 月，公益星火六期 · 深圳社会组织高质量发展“长江之源”培养计划开学典礼在深圳前海召开。该计划在深圳市社会组织管理局指导下，由长江商学院、深圳市长江商学院教育发展基金会、深圳市江之源企业家联谊会（长江商学院深圳校友会）、深圳市社会组织总会、深圳市慈善会、深圳壹基金公益基金会、深圳市创新企业社会责任促进中心、中国农业银行深圳市分行共同资助和举办。

2022 年，长江商学院市场营销学教授、ESG 及社会创新中心主任朱睿及其中心发布了长江商学院中国游戏行业商业向善倡议。

▲

2022 年，长江商学院市场营销学教授、ESG 及社会创新中心主任朱睿及其中心发布了长江商学院中国餐饮行业商业向善倡议。

▲

2023 年，长江商学院 EMBA 社会创新与商业向善实践课程案例集出版。案例选自长江商学院 EMBA36 期社会创新与商业向善实践项目积累的 534 个实践案例。

▲

2022 年起，长江商学院创创社区已持续两期推出“乡村商学堂”，助力“三农”企业新生代创业者培养。

山里娃的三点半云课堂：在线科技助力乡村教育。

同心助学 · 后浪前行：关爱进城务工子女，探索自运转公益体系。

为青年追逐梦想提供助力：助学 +“一对一导师”赋能。

《周二直播间》：凝聚长江智慧，赋能中小企业。

▲
美好乡村艺术共创营：美育公益打造乡村振兴新模式。

▲
新华生涯教育：从公益助学到赋能成长。

▲
关爱白鹤在行动：保护栖息地，守护濒危物种。

▲
雨昕公益基金：深耕医疗公益，精准救助重疾患者。

“童伴妈妈”：爱的接力，
守护每一个留守儿童。

光者行动：点点微光，汇聚成炬。

▲
长江商学院自 2013 年起发布长江公益年度报告，分享学院和校友的公益理念及实践经验。

无公益，不长江

中国式现代化的社会创新力量 2023

顾问 – 项兵教授 李海涛教授 欧阳辉教授 陶志刚教授 **监制** – 金亚萍 **主编** – 杨晓燕 王哲 闫雯

SPM 南方传媒 | 广东人民出版社

·广州·

图书在版编目（CIP）数据

无公益，不长江：中国式现代化的社会创新力量：2023/杨晓燕，王哲，闫雯主编．—广州：广东人民出版社，2024.1

ISBN 978-7-218-17069-5

Ⅰ.①无…　Ⅱ.①杨…　②王…　③闫…　Ⅲ.①慈善事业—研究—中国　Ⅳ.①D632.1

中国国家版本馆CIP数据核字（2023）第211497号

WU GONGYI , BU CHANGJIANG
无公益，不长江
杨晓燕　王哲　闫雯　主编

出 版 人：肖风华

责任编辑：周汉飞
责任技编：吴彦斌　周星奎
装帧设计：今亮後聲 · 王秋萍

出版发行：广东人民出版社
地　　址：广东省广州市越秀区大沙头四马路10号（邮政编码：510199）
电　　话：（020）85716809（总编室）
传　　真：（020）83289585
网　　址：http://www.gdpph.com
印　　刷：三河市中晟雅豪印务有限公司
开　　本：880mm×1230mm　1/32
印　　张：12.25　　字　　数：266千
版　　次：2024年1月第1版
印　　次：2024年1月第1次印刷
定　　价：68.00元

目录

第一章 中国式现代化社会创新的理论与理念

第二章 中国式现代化社会创新的公益道路

第三章 中国式现代化社会创新的商业力量

第四章　年度长江公益项目

第一章

中国式现代化社会创新的理论与理念

项兵

求解共同富裕，成熟健全社会保障体系的必要性

项兵：长江商学院创办院长、中国商业与全球化教授

在全球视野下观察现有共同富裕国家的发展路径，笔者发现实现共同富裕的国家具有的共同特征是，较为成熟完善的市场经济体系，加上公平、公正、透明、深度覆盖且健全的社会保障制度。

成熟而完善的市场体系和法治环境所营造的公平公正的市场竞争，以及奋发有为的企业家精神是创富与造富的根本。作为经济发展的发动机，市场机制主导的一次分配的不可或缺性毋庸置疑。政府主导的二次分配按照兼顾效率和公平的原则，通过税收、社会保障支出等“一收一支”进行再分配。通过二次分配对一次分配产生的收入差距以及所积累的财富进行调节，是实现共同富裕的一个必要条件。

尽管市场经济、企业家精神以及较为完善的法治制度是创富的基础，然而市场经济的局限性同样非常明确，一次分配侧重效率，财富不均的问题几乎不可避免。经济合作与发展组织（OECD）

的数据显示，一次分配之后，即便在共同富裕上表现突出的北欧国家，基尼系数也普遍在 0.4 之上，收入差距显著。

美国的案例也可以佐证，仅仅依靠发达的市场经济来实现共同富裕是不够的。美国市场经济发达，但是由于信奉自由市场与资本主义，美国对二次分配的投入和重视不够，财富差距悬殊。此外，即便美国强大的慈善捐赠文化能在一定程度上减少贫富不均，社会贫富差距依然显著。这说明，仅依靠第一次和第三次分配未能实现共同富裕，也再次凸显了积极有力的二次分配的不可或缺性。

纵观全球，积极有力的二次分配是实现共同富裕的一个必要条件。西欧国家，尤其是北欧国家以强有力的二次分配，通过积极的税收制度和较为健全的社会保障制度缩小了贫富差距，其二次分配后的基尼系数可以控制在 0.26 ~ 0.27 区间。

北欧国家以“从摇篮到坟墓”的全生命周期保障体系而著称，瑞典更被视为发达国家中健全社会保障体系的楷模。尤其难能可贵之处在于，瑞典在培育持续的创富能力和世界领先的经济水平的同时，始终保持较小的贫富差距，实现了共同富裕。2022 年，瑞典人均 GDP 约为 5.6 万美元，全球创新指数排名第三，目前欧洲最大的独角兽公司之一 Klarna 亦出自瑞典。另一方面，瑞典维持了较小的贫富差距，2020 年基尼系数为 0.276。

当然，也应该看到，任何一种发展模式都有局限性。实现了共同富裕的国家，从经济上的迭代力量来看不如中国、美国。在大风流创新方面也不如美国（如谷歌、苹果、特斯拉等公司）。

高福利体系在可持续性和效率等方面也不乏质疑之声。

但综合近 20 年情况，北欧国家加上德国、法国、瑞士等欧洲国家，不仅社会流动性、人类发展指数、幸福指数等指标长期位居世界前列，而且始终保持了全球领先的人均 GDP 水平，其世界一流的创新能力和基础研究水平为经济发展提供了动能。

根据瑞士洛桑国际管理发展学院（IMD）的全球竞争力排名，2022 年丹麦荣膺榜首，北欧 4 国全球竞争力均在前 10。

综合来看，北欧国家加上德国、法国、瑞士等欧洲国家，其高福利体系没有真正削弱其经济实力、创新能力和面向未来的竞争力，而是在缩小贫富差距的基础上保持了经济的高水平发展，为其行稳致远提供保障。

近几十年来，无论发达国家或是发展中国家，许多经济体都出现了中产阶级比例下降、社会贫富差距扩大的现象。将来，全球大变局中突破式科技创新带来的变革以及世界经济发展模式的不平衡，或将加剧市场机制带来的收入与财富不均。有鉴于此，政府的再分配之手变得愈发重要。

改革开放以来，中国经济实力快速发展。过去 40 多年来，按照世界银行每人每天 1.9 美元的全球绝对贫困标准衡量，中国的贫困人口减少了近 8 亿，占同期全球减贫人数的近 75%。按照中国现行贫困标准，中国贫困人口减少了 7.7 亿。2021 年中国宣布消除绝对贫困，这不仅是中国经济发展的里程碑，对缩小全球范围内的贫富差距同样做出了重大贡献。

然而经济总量快速增长的同时，中国也面临日益突出的财富不均、阶层固化的问题（2021 年我国的基尼系数为 0.466）。二十大报告指出，共同富裕是中国式现代化的内在要求，要扩大中等收入群体、规范收入分配秩序，健全覆盖全民、统筹城乡、公平统一、安全规范、可持续的多层次社会保障体系，扩大社会保险覆盖面。

以全球视野互学互鉴，观察其他国家在缩小贫富差距上的经验与教训，对我们应有启示。本文选取真正进入共同富裕的国家（如瑞典等北欧国家）以及与中国人均 GDP 水平相近的金砖国家（巴西和俄罗斯），聚焦其二次分配和社会保障制度对缩小贫富差距的影响，做初步观察与分析，并选取教育、医疗、养老和失业四大项目进行观察。

需要说明的是，各国的社会保障制度设计与自身经济发展水平、人口总量及结构、历史文化等国情息息相关。高水平的社会保障体系不是一蹴而就的，也不一定适用于其他国家，不能生搬硬套。但是，观察其社会保障建设的一些成功经验和失败教训，尤其是对经济包容性发展的影响，可能会为我们带来一些裨益。

教育体系：学有所教

教育的重要性毋庸置疑。促进经济增长的方式之一是提高劳动力的质量，而最直观的方式就是投资教育。

国际货币基金组织（IMF）的数据显示，2022 年，挪威、丹麦、瑞典、芬兰的人均 GDP 均超过 5 万美元，处于世界领先水平。一位芬兰科技部官员曾经说过，总结我们的经验，第一是教育，第二是教育，第三还是教育。

北欧的教育注重创新和平等。学校的责任是帮助学生发现兴趣和达到目标，而非将学生置于学校考核的框架之中。优质而公平的教育系统是北欧的标配，瑞典提供平等的教育资源和充足的财政支持，使学生的教育和发展不必受限于家庭资源。

先进而公平普惠的教育既助力全民发展和经济生产力，也极大地缩小了贫富差距、提高了社会流动性。瑞典的教育从幼儿园直到博士都是免费的，从学前班到 9 年级（相当于初中 3 年级）的 10 年为义务教育阶段，学校提供免费午餐，不用缴纳课本费、校服费等费用。小孩从出生之日起到 16 岁每个月可以领到约 1250 瑞典克朗的津贴。高中阶段每年可以领取 10 个月同样额度的津贴。这些津贴可以用于覆盖与上学相关的费用，如交通费、文具费等。大学学费全免，且每个月有一定数额的助学金补贴。低收入家庭的学生还可申请额外的补充津贴。2019年，瑞典每年每个学生平均教育支出超过 1.5 万美元，高等教育入学率达到了 77%。

从投入大小来看，北欧国家公共教育支出占 GDP 比重均接近或超过 6%，其中瑞典以 7.2% 领先。2020 年，世界各国在教育上的公共投入平均为 4.3%。虽然已经连续多年增长，2021 年中国公共教育支出略低于世界平均水平（4.01%），与北欧国家有差距，低于巴西（6.1%），略高于俄罗斯（3.7%）。

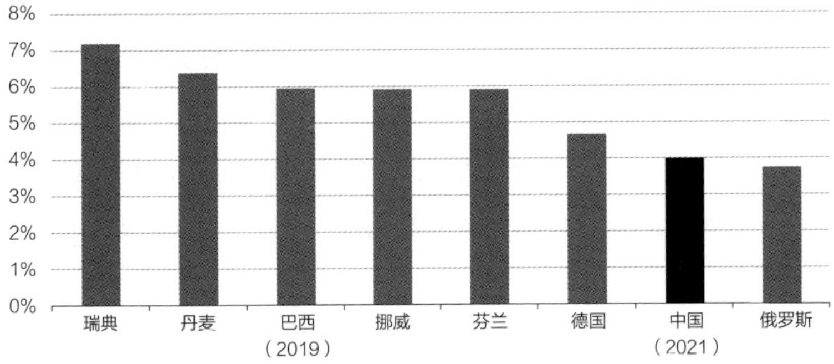

资料来源：世界银行、中国教育部和国家统计局　制图：颜斌

公共教育支出占 GDP 的比重（2020 年或最新可得数据）

从人均教育支出来看，按照 OECD 数据，从小学到高等教育，2018 年俄罗斯生均支出 6430 美元，巴西为 4448 美元。本文所考察的欧洲国家，2019 年人均教育支出均超过 1.2 万美元，其中挪威超过 1.7 万美元。

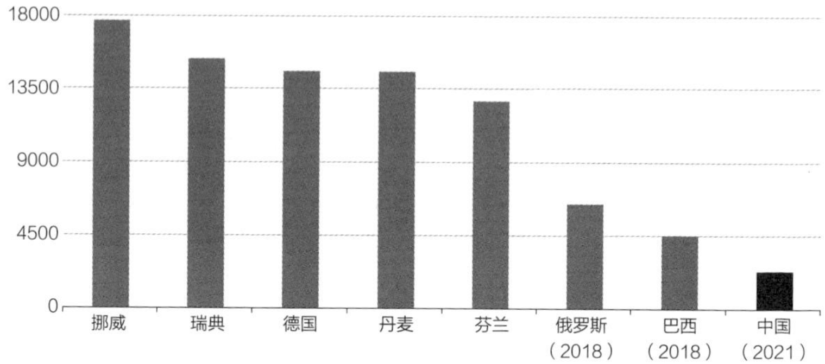

注：生均教育支出数据，德国、俄罗斯数据统计中包括了公共支出在私立机构的支出。

资料来源：世界银行、中国教育部和国家统计局

生均公共教育支出（美元，2019 年或最新可得数据）

从入学率来看，所考察国家中小学教育均已普及。在高等教育入学率这一指标上，各个国家情况有所差异，北欧国家均超过 80%，其中芬兰达到 95%。德国因教育双轨制，即高等教育与职业教育并行，大学生比例不及北欧国家，为 72.9%。中国高等教育入学率为 57.8%，高于巴西（54.6%）。

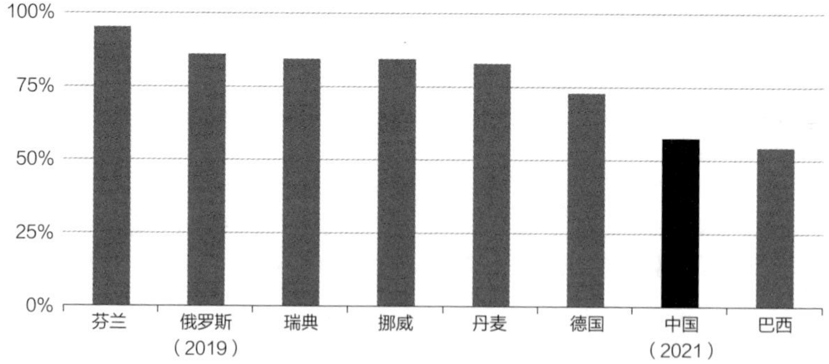

资料来源：世界银行、中国教育部和国家统计局

高等教育入学率（2020 年或最新可得数据）

教育与培训能为低收入者创造向上流动的机会，促进社会流动性的提升，社会流动性则有助于促进经济的健康发展，形成社会发展的正向循环。教育为北欧国家的孩子提供了较为公平的成长环境。据 OECD 统计，一般来自贫困家庭的孩子需要两代（丹麦）至三代（芬兰、挪威、瑞典）即可获取其所在国的平均收入，优于 OECD 国家平均水平。就中国的情况而言，教育资源存在城乡差异以及地区差异，且与户籍绑定，降低了教育公平性。

医疗卫生体系：病有所医

打造健全而高效的医疗体系历来是各国关注的重点，在 2021 年 U.S.News 全球医疗体系排名中，瑞典高居榜首。瑞典拥有全球顶尖的医疗水平，公民平等享受国家提供的公共医疗服务，医疗资金主要来自政府转移支付，占比约 85%，体现了政府在医疗卫生方面的投入之大和高度重视。虽然实践中不乏对其效率的批评，但其分级诊疗的医疗体系维护了医疗资源的有效运转，整体上其公平与效率仍然广受业界肯定。

从医疗支出上看，2021 年，瑞典人均医疗支出达到 6932 美元，其中自费比例约为 13%。患者到公立医院就诊仅需缴纳少量挂号费和医药费，医疗费用设定上限，超过则予以全额补贴。每位公民门诊费用 12 个月内累计超过 1150 瑞典克朗（约合 110 美元，瑞典克朗对美元汇率约为 1∶0.1）、处方药药费 12 个月内累计超过 2350 瑞典克朗，则超过部分不再收费。

如需住院，则按照每天 100 瑞典克朗（约 9.6 美元）执行，住院费用主要用来提供病人住院时的饮食，而实际所产生的各种治疗、检查和药品的费用则不需要患者承担，甚至换肾、换肝这样的大型手术，也不需病人另外付费。这大大减轻了重疾治疗费用对个人和家庭的财务影响，降低了居民的后顾之忧。

瑞典是北欧的一个缩影。依托国家财政，北欧国家提供覆盖全民的医疗服务，医疗资金主要来自政府转移支付，除芬兰（75.3%）外，贡献超过 85%，公共医疗投入占 GDP 比值在 7.5% 以上，瑞典、丹麦更是超过了 9%。患者自费比例较低，在 12% ~ 16% 区间内。北欧国家的医疗水平位居世界前列，医疗人均支出也属于较高水平，除芬兰（4896 美元）外，约在 7000 美元左右。德国的社会保障制度中，个人和企业缴纳的社会保险占主导地位，医疗支出中社会保险和政府转移支付共同覆盖约 78.5%，自费比例约为 12.4%，人均医疗支出达到 7517 美元，相当于北欧水平。

2013 年《世界卫生报告》指出，政府卫生支出占 GDP 比重小于 5% 时，贫困人群很难被全部覆盖。中国经济快速发展，医疗服务水平也得到了飞速提升，但是与经济增长速度相比，我们在医疗上的投入增长仍有不小提升空间。根据世界卫生组织（WHO）的统计，从公共医疗支出占 GDP 的比重来看，中国（3.1%）与发达国家有差距。

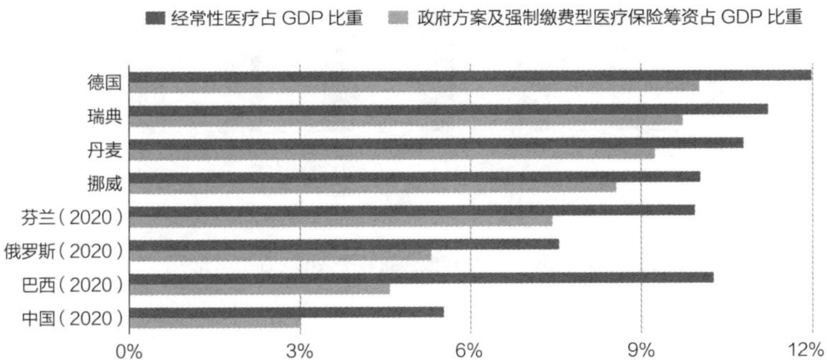

资料来源：世界卫生组织

医疗支出占 GDP 的比重（2021 年或最新可得数据）

WHO 用全民健康覆盖（Universal Health Coverage，UHC）指数评估一个国家在提供必要的优质基本卫生服务方面的总体进展情况。2019 年，UHC 指数达到 80 以上，需要各国人均医疗支出超过 1398 美元。以此为参照，根据 WHO 的统计，按照平价购买力计算，北欧国家、德国（7517 美元）、俄罗斯（2278 美元）、巴西（1529 美元）都在这一标准之上。

从医疗支出的资金来源看，发展中国家与发达国家差距明显，自费比例明显增高。《世界卫生报告》（2010）提出，如果要实现消除因病致贫的目标，个人直接医药付费比例应当控制在 15% ~ 20%。根据财政部统计，2019 年，我国个人卫生支出占

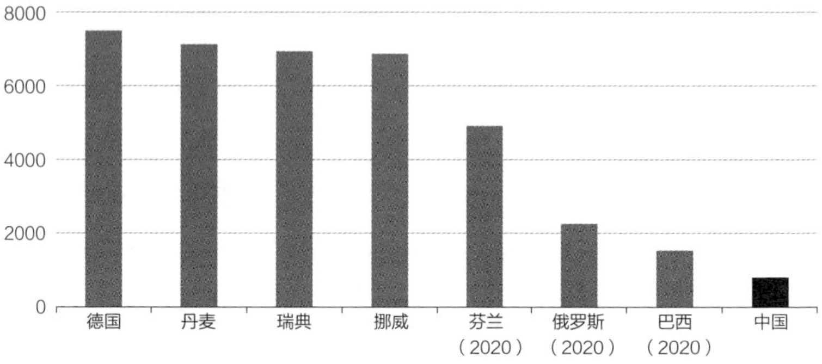

资料来源：世界卫生组织、国家卫健委

人均医疗支出（2021 年或最新可得数据，现价美元）

比为 28.4%，仍然偏高，也不及巴西（24.9%），但低于俄罗斯（36.6%）。

过去几十年，中国的基本医保制度扩展迅速，目前基本医保参保人数达到 13.6 亿，参保覆盖面稳定在 95% 以上，建立起了全球最大的医保网络，医疗服务水平也不断提升。

这说明我们在医疗保障上取得了巨大的成就。但是也要注意到，我们还有很大进步空间。就我国基本医保而言，由于主要由两种不同类型构成，即城镇职工基本医疗保险（职工医保）和城乡居民基本医疗保险（居民医保），其准入条件、保障力度有明显差距，医保制度存在类型之间不平衡的问题。此外，医疗资源分布在城乡、东西部等地区差异也十分显著。从公共医疗支出占 GDP 比重、人均医疗支出上看，我们不仅较发达国家有明显差距，也不及巴西、俄罗斯，并且个人自费比例仍然偏

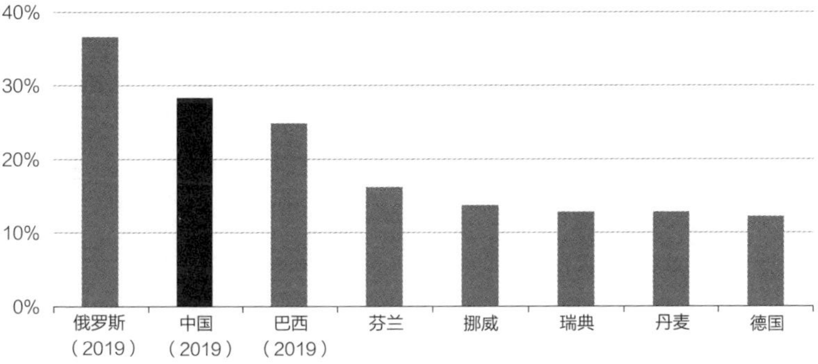

资料来源：OECD、中国财政部

自费占总医疗支出的比例（2020 年或最新可得数据）

高。建立充分、公平的基本医疗保障，我们仍需加大公共投入，确保病有所医。

社会保障体系：老有所养

随着世界平均寿命延长、老龄人口增加，各国都在寻找更为健全且可持续的养老体系，为老龄化社会做准备。

联合国人口基金会和国际助老会曾在 2013 年推出“全球老年观察指数”（Global Age Watch Index），从医疗卫生、生活环境、收入保障、工作和教育 4 个方面考察全球 91 个国家的老年人生活。综合多项指标，当年瑞典荣登榜首。

根据瑞典法律，国家提供赡养和照料老人的服务，家庭则是一种补缺式、支持性角色。

养老的目的之一是帮助老年人独立生活，当高龄人士失去生活能力或需要帮助时，可以申请家政援助。护工提供的服务涵盖送餐到家、上门护理、外出护送、个人安全警报等日常生活所需。瑞典还提供面向老年人的日间服务中心、老年公寓、养老院等。

这些养老服务的主要资金来自市政府的财政税收，占比约为 82% ~ 85%，国家财政占比约 10%。个人收费标准依据退休金水平而定，但有最高收费限额。

此外，瑞典还有设备和服务完善的养老院和养老公寓。

完善的养老服务减轻了社会的后顾之忧，有利于提升消费，并释放了年轻人的时间和精力，使其能够更好地投入到工作生产之中。

根据国际劳工组织的数据，瑞典用于养老的公共支出占 GDP 比重约为 10.7%。公共养老支出往往是社会支出中占比最大的一项，目前全球平均公共养老支出占 GDP 的比重约为 7%。随着老龄化加深，这一比例预期还会升高，养老保障是否可持续的问题也会显现。就具体国家而言，这一投入大小受养老金水平、年龄结构、养老服务等多因素的影响。

近年来，中国养老保障建设进展显著，基本养老保险覆盖约 10 亿人，覆盖率、替代率水平都较高，有机构评定中国养老金体系全球进步最快。

第 7 次人口普查数据显示，中国 65 岁以上人口占比约

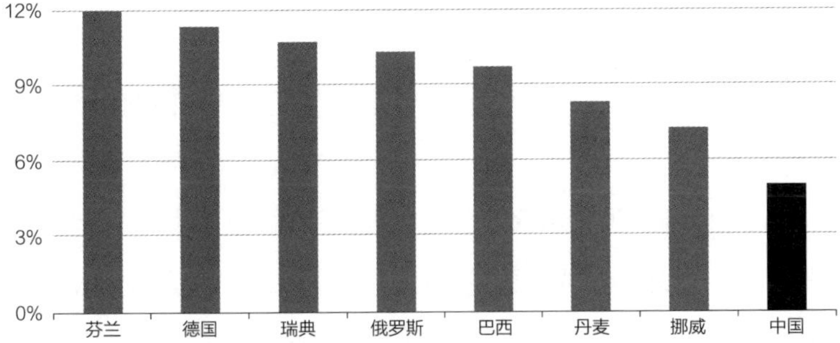

资料来源：国际劳工组织

公共养老支出占 GDP 比重（2020 年或最新可得数据）

13.5%，预期未来人口老龄化将不断加深。中国以基本养老保险为主，目前中国公共养老支出规模有限，随着人口结构变化，未来养老储备金的可持续性有潜在挑战。为应对老龄化趋势，2022 年 4 月，国务院办公厅印发《国务院办公厅关于推动个人养老金发展的意见》，推动建立个人养老金，发展多层次、多支柱养老保险体系。

社会保障体系：弱有所扶

失业保障可为失业者提供一定时段的收入支持，主要包括失业保险、社会救助及就业保障项目。新冠疫情严重冲击就业市场，加之近年来劳动力市场面临各种挑战，如零工经济、灵活就业、人工智能带来的颠覆式变革等，这愈发凸显劳动保护，特别是失业保障的重要性。

瑞典的失业者，可以领取到足以保证生活开销的基本失业金。

失业保障分为基本保障和与收入相关的失业保险，后者需在保12个月后才能享受全面的保障。基本保障最高为每天365瑞典克朗。对于失业保险，开始领取的200天，数额为原工资的80%，接下来的100天为70%，最低为365瑞典克朗。失业2个月时，单身中等收入者平均净失业金替代率为73%。

此外，失业救济金的给付有时间限制，最多可领取300天，如果有孩子，最多可领450天。瑞典的失业保障覆盖率约为60.2%。

在失业保障上，瑞典设有积极劳动力市场项目（Active Labour Market Programmes,ALMP），政府根据经济发展所需，有计划地对已失业或即将失业的人员进行岗位培训，帮助他们尽快找到新工作。

为积极应对失业和就业不足，北欧国家普遍更为倡导积极劳动力市场项目。在就业政策的探索和改革中，由于许多国家失业率长期居高不下，加强积极劳动力市场政策近年来已经成为全球趋势，其政策目标是为寻找工作者（如失业者、就业不足者）提供劳动力市场一体化措施。发展中国家往往在失业保障和积极劳动力市场项目上投入较为有限。

从失业后的收入替代率看，北欧国家及德国的单身中等收入者在失业2个月后，能得到约60%以上的失业前收入。发展中国家之间差距显著。一般来说，过高的失业金对再就业激励效果较弱，而过低的失业金则难以保障失业者的基本生活所需。

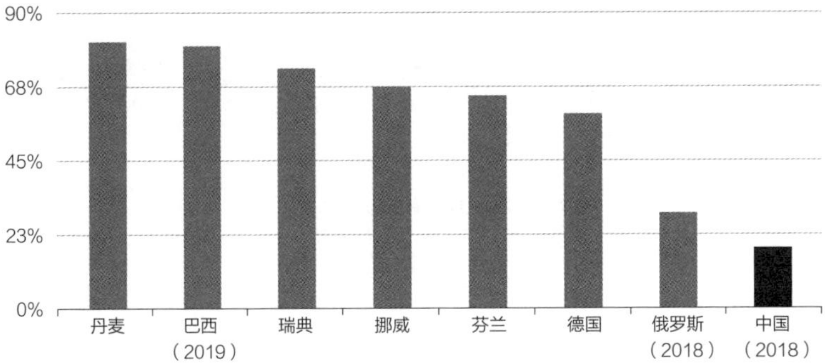

资料来源：OECD

失业保障替代率（2021年）

从覆盖率上来看，全球范围内失业保障覆盖率都偏低，法律上仅有38.6%的劳动力受到覆盖，由于非正规就业比例高、失业保护制度缺乏，失业人群中仅有18.6%能领取到失业保障。在本文所考察的国家中，德国、芬兰失业福利的有效覆盖率达到100%，丹麦也在90%以上，俄罗斯82.7%，而中国、巴西有效覆盖率不足。

北欧及德国主动治理失业、稳定就业等激励措施构成的积极劳动力市场政策值得我们借鉴。目前国内失业保障的公共支出较低。从覆盖率和替代率来看，很难满足失业者基本生活需求。

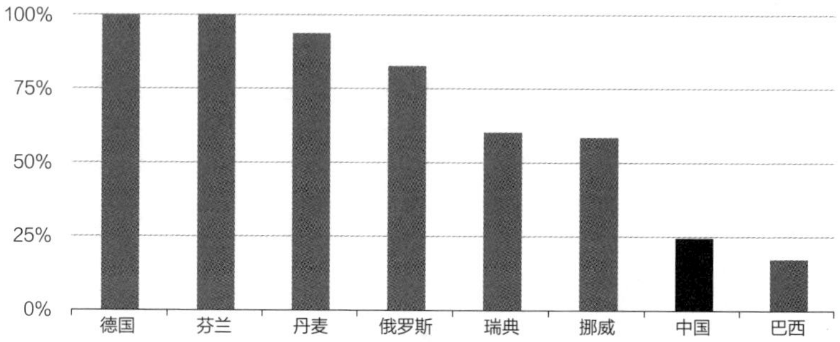

资料来源：国际劳工组织

失业保障有效覆盖率

未来还需扩大失业保障覆盖率，改善失业者的收入水平，发挥兜底保障功能。

积极有力的社会保障体系明显降低贫富差距

从一次、二次分配后的基尼系数来看，部分欧洲，尤其是北欧国家，其二次分配政策显著降低了一次分配带来的收入不均，保障了收入分配的公平。

各经济体一次分配后基尼系数普遍超过0.4（国际一般将0.4作为社会贫富差距的警戒线），收入差异显著。二次分配后，部分欧洲国家，尤其是北欧国家基尼系数大幅下降。挪威、丹麦、芬兰、瑞典约在 0.26 ~ 0.27 区间内，成为世界上收入分配差距最小的几个国家。德国（0.296）同样保持了相对较小的收入差距。同时，这些国家保持了世界领先的人均 GDP，2022 年挪威人均 GDP 约为 10.6 万美元，丹麦（6.7 万美元）、瑞典（5.6 万美元）、芬兰（5.1 万美元）人均 GDP 同样位居世界前列。

通过基尼系数，可以直观地观察到，各经济体所采取的不同政策在一定程度上造就了不同的收入差距。以瑞典为代表的北欧国家，社会保障资金主要由国家财政支持，国家向全体公民提供高水平的平等服务，包括免费的教育和医疗系统等，这显著降低了社会贫富差距。

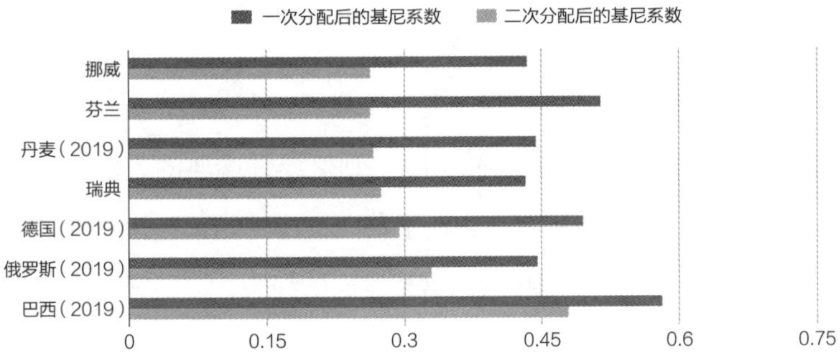

▍资料来源：IMF

部分国家一次、二次分配后的基尼系数（2020 年或最新可得数据）

与此同时，根据 2022 年全球法治指数排名，丹麦、挪威、芬兰、瑞典位列前四。完善的法治既能保障福利分配的透明与公正，也有效支持了市场经济的自由运转，这意味着社会公平和较好的长期可持续发展。《2020 年全球社会流动性报告》的数据显示，主要北欧国家的流动性位居前列。报告称，北欧国家提供了高质量且公平的教育体系、强大的社会安全网和包容性机构，以及就业机会和良好的工作条件。

以上社保项目和数据，说明积极有力的二次分配与社会保障体系大幅提升了经济发展的普惠性及共享性，对实现共同富裕有不可或缺的作用。

通过瑞典的例子，我们可以看到，足够的社会保障投入是共同富裕的必要条件，这样才能兼顾覆盖的广度和深度。并且，瑞典高度重视公正公平，真正通过二次分配解决了一次分配带来的贫富差距较大的问题。这说明积极有力的二次分配和社会保障制度是实现共同富裕的必备条件。

当然，瑞典在人口数量、发展阶段、历史文化、政治及经济体制等方面和我国存在大的差异。2022 年，瑞典的人口数量约 1052 万。人口数量较大而实现了共同富裕的国家包括法国、德国、日本、欧盟，它们在共同富裕方面的经验，有待我们进一步学习、借鉴。

近几十年来，国内社会保障和公共服务有了明显改善。这些制度无疑有助于提高社会整体公平，加强总体社会保障程度。但是也应该看到，现阶段我们的社会保障制度仍处在改革和发展阶段，对照共同富裕的战略目标，我们仍要加大再分配力度。

面向未来，推进落实共同富裕的战略目标，我们需要更为积极有力的二次分配，强有力的、公平公正、普惠共享并深度覆盖的二次分配是实现共同富裕的一个必要条件。在这一方面，观察欧洲国家在社会保障体系建设上的一些成功经验和失败教训，包括金砖国家的一些做法，可能有助于我们求解我国的共同富裕之路。

撰文：项兵

本文来源：《财经》杂志 2023 年 8 月 6 日第 671 期

李海涛

新一代企业家应具备全球视野、人文关怀和创新精神

推进中国式现代化，从发展中国家迈向发达国家，需要更多地依靠创新驱动和高质量增长，这个阶段比以往任何时候都更需要企业家精神。因此，在大力推进中国式现代化进程中，需要进一步弘扬企业家精神，激励企业家不断在高质量发展、社会责任和社会创新等方面提升自己。

这也是长江商学院的探索与努力方向。那么，21 年来，长江商学院在此方向形成了哪些模式和经验？我们为此访谈了长江商学院金融学教授、杰出院长讲席教授、学位项目副院长、校友事务及长江商学院教育发展基金会副院长、长江商学院教育发展基金会理事李海涛。

中国式现代化新时代的取势、明道、优术

问：在中国式现代化的新时代，长江商学院提出的“取势、明道、优术”会有哪些新的内涵？

李：“取势、明道、优术”是长江商学院创办之初，由项兵院长确立的发展战略核心，同时也是长江商学院一直以来秉承的校训。

所谓“取势”，是取全球发展之“势”，始终把握中国及全球发展的大势。我想在当下百年未有之大变局中，具备清醒的自我认识、开放的全球视野和高瞻远瞩的战略眼光变得前所未有的重要。

所谓“明道”，是明新商业文明之“道”，这是长江商学院一切“大风流创新”的初心所在。在中国式现代化的新时代，长江商学院有责任培养一批真正具有全球担当、社会责任以及长线思维的企业家，并联合全球志同道合的伟大机构，为全球重大问题的解决贡献中国智慧及方案。

所谓“优术”，是优管理之“术”。当下，我们的企业需要掌握全球最为领先的管理理论、理念及实践经验，同时也必须在面向未来的管理理论及理念上做出更多原创性的贡献。

问：如果放在中国式现代化的语境下来看，中国的商学院以及商

学教育会有哪些特质或特征?

李: 长江商学院的初心是创办一所世界级的商学院，为中国，把一批全球顶级的教授、学者请回中国，研究中国经济和管理问题，为中国的经济发展做出贡献，同时为中国培养一批具有全球竞争力的企业家。

我想在中国式现代化的语境下，长江商学院的这一初心更需要坚守。20 多年来，我们在商学管理教育领域做了一系列引领式创新，其中社会责任领域的探索一直是我们创新的核心之一，也是我认为在当下商学院和商学教育应该重点关注的方向。

近几年，全球大变局引发了一系列变革与挑战，中国提出构建人类命运共同体的重要理念。商学院应该重点思考和研究中国的发展方式中有哪些元素可以被全球借鉴乃至复制。换句话说，为全球重大问题挖掘和贡献来自中国的解决方案、为东西方管理理念交流做出应有的贡献，是长江商学院在新形势下发挥社会责任的使命之一。

经过多年的观察，我们发现“经济上新生代迭代的力量”是一个值得深度挖掘与传播的中国元素。“经济上新生代迭代的力量”是指在经济发展过程中，新的大型企业和新富豪不断出现及不断迭代的现象，其中独角兽企业数量是重要衡量指标。

基于此，近年来，长江商学院致力于打造一个培育经济上新生代迭代力量的全球生态体系，培育更重视社会创新、更具长线思维、更具全球视野的新生代独角兽企业，为收入和财富分配不均、社会流动性下降及可持续发展等世界性重大问题贡献中国方案和中国智慧。

问：同时，在中国式现代化的语境下，中国的企业家与全球企业家相比会有哪些异同？

李： 我们现在生活在一个什么样的时代？这是一个巨变的时代。对中国企业家，尤其是头部企业家而言，他们走错一步，看错这个行业发展的大趋势或者技术上选了错的赛道，就可能会满盘皆输。

如何应对这种可能的风险？长江“取势、明道、优术”的校训其实就特别好地代表了我们对企业家的教育理念。

美国的商学院教育更强调“优术”，也就是怎么把具体的技术学好。但是从中国企业家，尤其是头部企业家的角度来讲，他们也需要“优术”，但是更重要的是“取势”“明道”，也就是要看到世界行业和技术发展的大趋势，从第一性原理上思考商业的问题，而不只是人云亦云。他们要能够从经济学原理、金融学原理，乃至社会和历史的原理出发，通过现象看本质。

问：您曾提出，全球视野、人文关怀、专注聚焦和创新拓展是新一代企业家需要拥有的特质。这几种特质为什么对新一代企业家尤其重要？

李： 正如我前面所讲，中国企业家现在面临的宏观环境更具有挑战性，全球化逆转，中国经济增长中的人口红利消退，房地产等快速发展行业增速也有所放缓。在这样的背景下，全球视野、人文关怀、专注聚焦和创新拓展都变得格外重要。

全球视野很好理解，因为我们生活在一个全球化、全世界连接在一起的时代，谁也不可能跟别人分割，所以中国企业发展一定要有全球视野。

人文关怀，最近全球发生的许多事情会让我们发现，效率不是企业唯一的追求，在追求效率的同时还要有公平，企业效率最大化的同时还要为社会做贡献。所以人文关怀是非常重要的，它也是一家企业能够长期存活和发展下去的重要条件。

我开的一门课程叫做家族企业传承，其中涉及一个最基本的问题，就是如何才能让企业基业常青。面对快速发展且充满挑战的周期，企业如何行稳致远？我认为还是要回归本业，专注聚焦打造产品的核心竞争力，同时要拥有不断创新和拓展的勇气。这样的话不管外界环境是好还是坏，你都能够存活下来且发展得更好。

问：企业家的人文关怀，您把它看得很重，与很多“在商言商”的观点不同，您希望新一代企业家们做出哪些行动？

李：企业家不应是只为股东创造价值的工具，也不应是单纯追求物质财富的“经济动物”，而应是各美其美、美美与共的“精神富翁”。面向未来，我希望新一代企业家们能超越富足的生活（Rich Life），迈向丰盈的人生（Enriched Life），成为真正具有人文关怀和社会责任感的商业领袖。

中国企业家们也应该加强修炼全球思维和价值对接能力，就像项兵院长说的，要学会“以全球应对全球”。所谓“以全球应对全球”，就是要整合全球资源为我所用。在这个过程中，技术对接、管理对接非常重要，但思维和价值对接是关键，而实现思维及价值对接的基础就是人文底蕴。

同时，新一代企业家们也应该培养自身的历史观和长线思维，避免陷入“人类集体短视”的决策中，注重可持续发展，为解决环境恶化、气候变暖等攸关人类长远发展的问题做出应有的贡献。

伟大商业机构的一个核心责任是为社会打造中产阶层

问：企业家从过去简单的捐赠，到现在开始思考如何更有效解决社会问题的社会创新，您怎么看这一新趋势？

李：这当然是一种值得鼓励和肯定的趋势。

回顾过去70余年，尽管各国政府、企业及国际组织做出了不懈努力与探索，但收入与财富分配不均、社会流动性下降、阶层固化及可持续发展不足等全球社会问题实际愈演愈烈。其背后可能的原因是，过往的实践往往以政府、企业或国际组织中的某一方为主体，各方单打独斗，彼此之间可能缺乏有效的合作与协同，难以形成“组合拳”。

在这样的观察下，项兵院长提出了“社会创新”的概念，即通过加强政府、企业、社团组织、民间社会以及国际组织之间的协同合作，系统地应对经济发展及社会和谐的问题与挑战。社会创新的核心是通过跨界协作来整合社会资源，以寻求重大社会问题的解决之道。

在这方面我们长江商学院的一个代表案例是吉安项目。2017年，长江商学院配合江西省吉安市政府启动“领航井冈”企业家高级研修班项目，通过“中央政策＋地方政府＋当地企业＋长江商学院＋长江商学院校友生态体系”等多方协作模式，使150余位吉安本土企业家受益，其中有2家“领航井冈”的学员企业发展成上市公司，为带动老区经济和社会发展贡献了力量。

未来，我们也希望能联合更多校友企业和地方政府，将社会创新的“吉安模式”复制和推广。

问：党的二十大之后，中国式现代化、共同富裕正成为新的目标与价值，您认为企业家的贡献是什么？他们的时代角色会不会有不同？

李：打造高附加值的就业机会、形成中产阶级占大多数的结构，有助于中国实现稳定健康的长期发展、达成共同富裕的战略目标。从这个角度来说，伟大商业机构对社会的一个核心责任就是为社会打造中产阶层。

中国企业要实现这一社会责任，首先需要摒弃“向下思维”，转至“向上思维”，从价格竞争走向价值竞争。只有这样，中国企业才能创造一大批高收入就业机会，为共同富裕做出更大的贡献。

其次，需要加强基础研究及提升科技创新转化为生产力的能力。这需要超越“以中国应对全球”，建立“以全球应对全球”的发展思路。集天下英才为我所用，才更有可能尽快缩小中国在基础研究上的差距，站在全球科技创新的最前沿。

再次，需要“月球看地球”的俯视思维与大风流创新，在过去取得的巨大发展成就之上，取势于全球大变局和中国新时代。未来，中国有条件、也有可能成为继美国之后第二个能产生大风流创新的国家。这需要中国企业有“月球看地球”的俯视视野，同时在全球视野下通过价值对接来进行全球资源整合，聚焦解决世界发展的重大问题，以彰显中国企业在新时代下的全球责任与担当。

最后，需要企业价值取向的调整。全球企业价值取向各有不同。过去，美国信奉的“股东价值最大化”风靡全球，在当今复杂的政治、经济、文化变革浪潮之中，这种过度聚焦股东利益的模式越来越跟不上时代的发展要求。在全球，尤其在中国共同富裕的长期目标之下，企业应从战略定位上重新认识及界定新时代下的企业社会责任、社会功能、社会目的，将社会性穿透到企业的整个管理执行过程之中，并在未来的社会创新中扮演积极重要的角色。

问：当前，无论是学科的交叉，还是行业的边界，都在融合创新，您认为公益与商业，一个是非营利，一个是营利，它们的边界会有怎样的融合?

李: 社会创新与商业向善是我们长江商学院一直倡导的公益与商业互相融合的路径和方向。

前面也提到过，社会创新是指通过加强政府、企业、社团组织、民间社会以及国际组织之间的协同合作，系统地应对经济发展及社会和谐的问题与挑战。

商业向善则是要求企业家去挖掘商业活动中的公益价值，将其梳理清楚，呈现出来，并在企业战略中加以确认，在业务发展以及资源配置中体现出这些公益价值，让企业在实现可持续发展的同时，成为社会进步的重要力量。

为了鼓励企业社会创新，长江商学院也做了一系列探索和实践:

2016 年，长江商学院开始将社会创新课程系统引入管理教育，成为全球第一家将社会创新课程列为 EMBA 学位项目选修课的商学院;

2018 年起，将社会创新课程列为 EMBA 项目必修课;

2022 年起，社会创新成为长江商学院所有学位项目的必修课和第一课。

同时，长江商学院在实践中积极探索社会创新的新思路，摸索出一条“中央政策 + 地方政府 + 当地企业 + 长江商学院 + 长江商学院校友生态体系”等多方协作的吉安乡村振兴模式，跨界整合资源，为解决重大社会问题做出自己应有的贡献。

培育经济上新生代迭代的力量

问：长江商学院在社会创新与公益的教育上，未来还会做哪些创新性的推动？

李：未来无论是发达国家，还是发展中国家，培育包括新生代独角兽企业在内的“经济上新生代迭代的力量”，是为年轻人提供更好的上升通道，进而解决阶层固化、实现社会和谐的一个必要条件。

作为全球第一家聚焦独角兽项目的商学院，长江商学院接下来的聚焦点之一就是为全球培养一批更重视社会创新、更具长线思维、更具全球视野的新生代独角兽企业，从而打造一个培养全球新生代独角兽的生态体系。

2023 年，长江在这方面的努力和规划包括：

2023 年 2 月 15 日—17 日，迪拜政府执行委员会（TEC）主办，长江商学院作为唯一学术支持伙伴，共同推出了全球独角兽峰会及培育项目，成为亚欧大陆首个面向新生代独角兽企业的培育项目；

2023 年 5 月 16 日—19 日，长江商学院联合黄浦集团（Whampoa Group）在新加坡共同举办全球独角兽项目新加坡模块，共同探寻 RCEP（《区域全面经济伙伴关系协定》）推动区域发展的新机遇；

2023 年 9 月 12 日—15 日，长江商学院联合韩国《每日经济》新闻社推出韩国独角兽论坛及培育模块，聚焦在韩国等本土

市场相对较小的发达经济体中，初创企业如何成长为独角兽公司；[1]

2023年11月13日—16日，长江商学院将在米兰与意大利博科尼大学联合举办聚焦时尚、食品、家具及奢侈品管理的独角兽模块；

2023年12月11日—15日，长江将联合斯坦福大学推出独角兽培育项目，聚焦未来科技驱动变革与社会创新；

目前，长江商学院与哥伦比亚大学2024年的合作也在规划中，计划共同培育未来科技和创新驱动的独角兽企业。

近年来，长江商学院致力于搭建全球新生代独角兽培育生态体系

① 本文采访于2023年7月。

面向未来，长江商学院计划在美洲、欧洲、亚洲、非洲广泛建立起一个培育经济上新生代迭代力量的全球生态体系，从而为应对收入和财富分配不均、社会流动性下降及可持续发展不足等世界性重大问题贡献源自中国的智慧和解决方案。

欧阳辉

没有企业家的时代，
只有时代中的企业家

在新时代，企业将自身融入中国式现代化与高质量发展已是题中之意。企业在追求经济价值的同时，也要实现社会价值。

20 多年来，长江商学院形成了独特的中国式商学院模式，为企业家们瞄准时代方向、提供前瞻性的理论指导，并为推动社会创新贡献力量。曾在美国任教多年的欧阳辉教授对此深有体会，“长江商学院 EMBA 项目首创 48 小时公益学时，首创社会创新与商业向善实践课程，既有社会创新的前瞻理论，也有公益实践和商业向善实践，理论与实践结合，同时注重结果，取得了良好成效，是真正的‘知、行、果’合一。”

针对中国式现代化下的企业新角色、新责任、新机遇，我们访谈了长江商学院金融学教授、杰出院长讲席教授、高层管理教育项目副院长、校友事务及长江商学院教育发展基金会副院长欧阳辉。

能力、趋势、运气

问：您曾提到，没有企业家的时代，只有时代中的企业家。在百年未有之大变局中的企业家，与过去相比会有哪些不同？

欧：我曾总结过，企业家成功有三个要素，R=f（α、β、ε）。α指个体能力，β指趋势，ε则指运气，这和长江商学院“取势、明道、优术”的校训实际上是相像的。

首先，没有企业家的时代，只有时代中的企业家，是时代造就了企业家。假设在50年前、70年前，改革开放尚未到来，中国不可能涌现出那么多伟大的企业家。

其次，经济要高速发展，企业家的行业选择也非常重要。如果在20年前，企业家选择了房地产或者互联网行业，他们现在所达到的成就和高度会是其他行业从业者难以企及的。可能在同样的阶段，个体能力与社会环境总体相似，但如果他们选择的行业高速发展，最终成果就会更显著。

最后，企业家需要具有智慧，具备超高的认知水平与能力，还要非常勤奋。即使企业经营成功了，也一定要谦虚谨慎，不能骄傲“躺平”，一定要多学习，把握时代的方向。

改革开放走过40余年，中国经济实现高速发展，这本身就是个奇迹。与此同时，贫富差距、环境破坏等问题也不容忽视。鉴于此，党的二十大提出，要以高质量发展推进中国式现代化，吸取过往野蛮生长的经验教训，推动共同富裕和可持续发展。过去，我们一直强调让一部分人先富起来，这在 20 世纪 80 年代是完全正确的发展目标。时至今日，高质量、可持续的发展成为了当代企业家应当抓住的时代旋律。

问：党的二十大提出了中国式现代化与共同富裕等新目标、新理念，这会对企业家提出哪些新的时代要求？

欧：作为金融学教授，我一直在讲授经济和金融方面的知识。我所了解的西方经典教科书都在强调股东利益最大化。但在新时代，尤其是中国式现代化的背景下，企业既要实现股东利益最大化，也要关注员工、顾客等相关方的利益，承担起社会责任，营造人文关怀，避免“996”等不可持续的工作模式。企业在盈利的同时，也要注重产品质量，讲求诚信，这对企业自身有利，也对社会有利。只有做到股东、员工、顾客和社会四个方面的均衡发展，企业才能走得更远。

改革开放 40 多年，我们非常重视效率，强调先富带后富，但如今，高质量发展、可持续发展、共同富裕在新的社会发展阶段下变得非常重要。前不久，我带领长江 CEO 16 期学员前往日本游学，在 2005—2008 年期间，我本人也曾在日本工作。事实上，在过去的 30 年，日本的 GDP 几乎无增长，但老百姓的精神面貌普遍很好，社会也相对稳定。我总结原因：第一，日本在 1990 年代发生金融危机时，经济水平已经很高了，人均 GDP 超过了 3 万美元。第二，日本的贫富差距不大。从这个角度而言，我们可以向日本学习。第一，要持续高质量发展经济。第二，要推动共同富裕，提升人均 GDP 水平，促进社会公平。

问：在中国式现代化、高质量发展、共同富裕的过程中，企业应当发挥怎样的作用？

欧：企业的作用非常关键。想要实现中国式现代化，实现共同富裕，首先要发展企业。假设企业都停止发展了，我们的经济肯定也发展不上去。说到底，还是要我们的企业家干活，但却不能像从前那般野蛮生长。如今，企业一定要承担社会责任，助力共同富裕。中国式现代化、共同富裕既是政府的责任，也是企业的责任，企业应当为政府分忧，为员工提供福利，推动社会创新。

问：全球处在百年未有之大变局中，全球竞争更加激烈，科技创新的重要性更加凸显，而企业所推动的科技创新也占据非常重要的位置。您怎么看企业在这一方面的功能和价值？

欧：企业的科技创新非常重要。中国加入WTO以来，有许多跨国公司的工厂优先建到中国。中国人口基数大，百姓勤劳肯吃苦，工作效率高，有着天然的优势。但在很多领域的核心技术上，中国目前仍落后于西方发达国家。而且，低端产业的弊端已经凸显，像越南等东南亚国家的人力成本比我们更低，我们的成本优势在逐渐丧失。通过降本增效，中国现已进入中等收入国家行列，但要成为高等收入国家，就必须拼科技。

过去，企业通过控制成本、提升效率，可以实现不错的收益。

但现在，企业要想实现高质量发展都需要创新，不仅是经营模式上的创新，更是硬核技术、核心技术上的创新。譬如，正在悄然改变世界的 AI 革命就很了不起，我们的企业要在这方面去创新。中国企业家们的潜力巨大，创造力无穷，我对中国的科技创新充满信心。我认为，我们的企业家很有创新能力，只要政府给予支持与引导，企业打破思维禁锢，就能在科技创新上实现突破。

股东要赢，顾客要赢，员工要赢，社会要赢

问：著名管理学家德鲁克曾说，只有把社会问题变成有利可图的商机，社会问题才能得到彻底解决。您怎么看这一思想？

欧：我完全赞成他的说法。假设社会创新对企业没有好处，甚至有害，那么企业就很难创新下去，这就是人性。如果社会创新对企业有利可图，那么企业就一定会坚持。如果单纯讲情怀，企业可以坚持一段时间，但10年、20年的话就很难坚持了。一旦产生价值，10年、20年，甚至100年都可能坚持下来。

德鲁克这句话与中国人讲的“多赢”有异曲同工之妙。“君子爱财，取之有道”，做企业，我们要实现 4 个方面的多赢：股东要赢，顾客要赢，员工要赢，社会要赢。如果这个利益可以和中华民族伟大复兴结合起来，那便是全社会的多赢。

问：德鲁克的观点是否也符合长江商学院所推动的绿色金融

方向？

欧：长江商学院在持续推动绿色金融。长江商学院碳路先锋课程邀请了中石化原董事长、长江商学院大型企业治理与创新管理实践教授傅成玉担任项目学术主任，助力解决各行业企业家在碳达峰、碳中和实践中遇到的实际问题。

当今时代，绿色金融发挥着极其重要的价值。目前，很多金融机构也在以实际行动支持绿色金融。假如企业的业务与绿色金融、绿色经济有关，那么金融机构可能会在贷款上予以倾斜，也会为这些企业开设绿色通道。

企业必须关注和践行绿色发展战略。试想，再过几十年，经济一直高速发展，但环境污染问题严重，老百姓的身体出现问题，国家在医疗、养老方面的成本都会大幅度增加。

如今，绿色发展战略对很多上市公司提出了更高的要求。一开始，上市公司可能不太能接受，既要打破原有的生产习惯，又要承担更多社会责任。但从长期来看，这对上市公司是有好处的，利大于弊。无论是顾客还是投资人，都更加关注环境保护、可持续发展，规避短期的利益行为。企业推动绿色发展是有利可图的，是共赢的，不仅对社会有利，对自己也有利。

商学院的中国式创新

问：您认为以长江商学院为代表的中国商学院与其他国家的商学

院相比，形成了哪些独特的中国式创新?

欧：相较于国外的商学院，长江商学院在四个方面形成了独特的中国式创新。

首先，是长江商学院的全球视野，实现中西方融合的能力。我们的教授们既懂世界，也懂中国。我曾在美国北卡罗来纳大学和杜克大学任教，对国外的商学院比较了解。美国教授的特点是专攻西方经济金融体系，在这方面可能成果颇丰，但对中国体系往往缺少深度研究。相较而言，长江商学院的教授吸收的知识就更全面：一方面，他们拥有系统学习西方金融理论的教育背景，大部分都在海外拿到了终身教职，拥有丰富的海外教学研究或从业经验；另一方面，回到中国之后他们都深耕于中国，对中国的经济金融体系、管理体系进行了深入了解与思考。因此，长江商学院的教授能够真正地做到通晓中西、融汇中西。

其次，长江商学院的校友文化也是一种中国式创新。长江开设了非常丰富的课程项目，包括 EMBA、MBA、企业家学者项目、高层管理教育项目等，这远比美国商学院的课程丰富。长江的校友文化和同学之间的互助情谊更是其他商学院难以比拟的。MBA 毕业后，海外院校的同学彼此基本上联系很少，而长江同学们在校期间就会相互学习和参访各自的企业，相互切磋琢磨，这种氛围在毕业之后依旧延续。我觉得校友文化是长江最大的优势之一，也是独特的魅力。

再次，长江在全球商学院中首创 48 小时公益学时，要求所有 EMBA 学员必须完成 48 小时的公益学时才可以毕业，这就要求学员必须扎扎实实地做公益。制度提出之后，效果十分显著，有越来越多的学员投身公益，但同时，我们也发现，他们的公益实践缺乏系统性的理论指导。鉴于此，长江商学院朱睿教授开设了社会创新与商业向善实践课程，要求每一位 EMBA 学员用 1 年时间在自己的企业进行商业向善实践，将企业核心业务和社会问题结合，并进行持续跟踪。美国的商学院教育起步早于中国，但在社会创新领域，长江进行了非常前沿的探索和实践。

最后，我们选择在 EMBA 项目开设社会创新与商业向善实践课程，这也是首创。美国商学院主打 MBA，长江却选择了 EMBA 作为突破口，这一战略选择是非常正确的。建院初期，恰逢中国经济高速发展，然而中国企业家缺乏机会接受完整系统的商学教育，EMBA 课程恰恰是中国企业家最亟需的。海外院校的 EMBA 学员一般而言都是中层管理者，而长江 EMBA 的学员绝大多数都是企业创始人、一把手，他们拥有对企业的话语权。EMBA 学员掌握了社会创新与商业向善的理论，便可直接用于自己的企业，推动企业经济价值和社会价值的双赢。

长江商学院 EMBA 项目首创 48 小时公益学时，首创社会创新与商业向善实践课程，既有社会创新的前瞻理论，也有公益实践和商业向善实践，理论与实践结合，同时注重结果，取得了良好成效，是真正的“知、行、果”合一。

撰文：宋厚亮、张琢

陶志刚

跨越中等收入陷阱，实现中国式现代化

自党的二十大深入阐述中国式现代化理论以来，中国式现代化已成为备受国内外关注的热门话题之一，它向世界提供了一种新的发展模式，已是大势所趋。

在知名经济学家陶志刚看来，对中国式现代化道路而言，中等收入陷阱或许是我们面临的最大挑战。从低收入国家过渡到中等收入国家相对容易，从中等收入国家过渡到高等收入国家，企业的科技创新则尤为重要。想在全球价值链中占据一席之地，中国企业必须进行科技创新。

围绕企业在中国式现代化中的作用、长江商学院的社会创新等问题，我们访谈了长江商学院战略学及经济学教授、全球项目副院长、校友事务及长江商学院教育发展基金会副院长陶志刚。

中等收入陷阱或许是中国式现代化面临的最大挑战

问：党的二十大报告提出以中国式现代化全面推进中华民族伟大复兴。中国式现代化是人口规模巨大的现代化，是全体人民共同富裕的现代化，是物质文明和精神文明相协调的现代化，是人与自然和谐共生的现代化，是走和平发展道路的现代化。作为现代经济体系的重要基础，您认为民营企业在实现中国式现代化进程中应如何发挥自己的力量？

陶：我认为，中国式现代化的五个维度是逐层递增的。人口规模是重中之重，在此基础上我们要考虑共同富裕，有了物质基础之后要讲求精神文明、人与自然的和谐共生，最终要走和平发展的道路，实现中华民族的伟大复兴。

走现代化道路要遵循一定的发展规律。中国先是发展了第一产业，解决了粮食问题，继而发展了第二产业，正在实现从劳动密集型产业向高端制造业转型，然后是第三产业服务业的长足发展。每一次转型都意味着经济实力的提升，在每一个阶段中，民营企业都发挥了巨大作用。

20 世纪 80 年代，中国实施包产到户。当个体被释放出来后，社会存在大量剩余劳动力，少数有经商头脑的乡镇企业家吸纳了这些劳动力，创立了早期的乡镇企业、街道企业，而乡镇企业正是民营企业的雏形。

这之后，民营企业家又推动了制造业的发展。30 年前，我读完博士到香港教书，对当时深圳的“山寨之王”印象深刻。如今，中国正从低端制造业向高端制造业转型。例如比亚迪曾是一家生产电池的工厂，与富士康竞争，为苹果代工。经过多年发展，它已升级为新能源汽车领域的代表性企业。在服务行业，无论是物流还是电商，京东、阿里巴巴等民企都发挥了重要价值。

中国人口规模庞大，提升经济实力、实现共同富裕对中国式现代化道路十分重要，而经济实力的提升意味着企业要在不同的发展阶段实现快速转型。在人与自然、环境保护等方面，企业也需要重视起来。

实现中国式现代化，我们面临中等收入陷阱的挑战。中国很多科技产品、高端产品依赖进口，如何发挥民企的力量，实现科技创新、技术创新、产业升级成为关键。一个伟大的国家必须有伟大的企业，伟大的企业必须有伟大的产品、服务与商业模式。如果中国企业可以创造出独有的技术，实现产业升级，员工就会获得更高的收入，收入增加之后就可以促进消费，如此循环，就盘活了中国经济，从而推动中国式现代化的实现。

此外，企业家的思维观念也很重要。早期，企业家赚钱之后会考虑以捐款的方式做慈善。对新一代企业家而言，他们不仅捐款，更注重企业本身的核心优势与社会价值的结合。

问：您刚才提到了中等收入陷阱，这是个非常重要的概念。从中

等收入到高收入国家，社会创新在现代化进程中是否发挥着重要价值?

陶：改革开放以来，我们一直都在认真探索如何处理效率与公平的问题，社会问题也在不断发生变化。例如这几年一直被广泛提及的环境问题，其在大力发展第一产业时其实就存在，只不过并不严重。农村焚烧秸秆也会产生环境污染，但当进入第二产业，重能耗行业兴起后，环境污染问题就变得十分严峻了。

我认为，中国式现代化面临的最大挑战是中等收入陷阱。从低收入过渡到中等收入相对容易。中国具有低成本的劳动力优势，加上改革开放之后国家对经济特区的政策扶持，中国香港、澳门、台湾企业以及欧美的外企纷纷来建厂（包括共同设立的合资公司），内地民企包括早期的乡镇企业也积极参与低成本的产业发展。但伴随我国经济增长，低成本的优势逐渐削弱，发展到现在这个阶段，我们需要通过科技创新，在全球价值链中占据一席之地，推动中国经济进一步发展，从而实现中国式现代化。

随着十分迅猛的技术发展，机器可能会取代工人，导致失业的发生。企业所承担的社会责任和社会价值也变得更重要。基于此，企业应该思考如何培训员工使用高端的技术设备，培养更加优秀的产业工人。这对企业来说，也是一次社会创新。在我看来，社会创新就是运用新模式、新理念、新手段，解决社会问题。

举个例子，我曾带过一个学生，她创办了广州岭南教育集团，累计为社会输送超过 30 万名职业技术人才。他们运用市场化机制，聘请有多年职场经验的老师，老师带来市场上的职业项目，他们也会帮助学生寻找实习机会，使学生在学习阶段就可以接触真实的市场。学生在校期间和企业发生连接，对之后的就业非常有利。

问：您提到了人口素质的重要性，中国式现代化也是人口规模巨大的现代化。您认为，企业的社会创新是否可以在提升人口素质上发挥更大的作用？

陶：中国式现代化意味着经济实力的提升，而经济实力的背后是人口素质。提到人口素质就绕不开教育，教育又包含基础教育、高等教育、职业教育等多个方面。民营企业可以在职业教育方面发挥很大的作用。在企业战略转型的过程中，帮助员工提升技能是非常必要的。企业家们可以发挥创新思维，运用市场机制解决人口素质提升的问题。

用商业智慧推动社会问题解决

问：著名管理学家德鲁克曾说，只有把社会问题变成有利可图的商机，社会问题才能得到彻底解决。您怎么看这一思想？

陶：我非常认同。我分享一个长江学员商业向善的案例。我们有一位四川的校友，创立了品牌“斑布”，通过竹纤维提取工艺，用竹子制造出没有被漂白过的环保纸张，是非常环保的社会创新。木头造纸通常会排放大量的碳，用竹子则很大程度上减少碳排放，同时，由于竹子生长在山地，可以规避与农民发生用地冲突的问题。

不同于树木通常 10 年才能成材，一根 20 米高的竹子生长仅需约 60 天。3 年的竹林就可以挑选竹材，每年轮伐，源源不断可再生，是非常可持续的商业行动。在管理模式上，他们也采用节约的方式，计件结算。在非洲的一些地区，通常实施按天结算，但一天砍了多少竹子，很难弄清楚，消耗很大的管理成本。“斑布”采用计件结算，可以更大程度地调动劳动积极性。农忙的时候，农民可以不去砍竹子，等闲了再大量劳作，最终按件数结算。他们利用农村剩余劳动力，帮助农民提高收入，也获得了当地政府的好评。

如今，很多企业都高度重视环保，倡导 ESG（Environmental, Social and Governance，环境、社会与治理），比如星巴克一直将可持续发展作为公司的长期发展战略，对使用的材料有环保要求。因此，这些企业也愿意购买“斑布”生产出的环保纸张，达成减碳目标。

问：您如何看待公益组织在社会问题中发挥的价值？

陶：公益组织在社会问题的解决过程中具有独特性。公益组织往往关注的是被媒体、公众忽视的领域，寻求新的价值方向。它们发现问题后设计项目，倡导政府、企业和民众出钱、出技术、出人力，通过协同推动社会问题的解决。我在香港授课时，观察到当地有很多研究型、枢纽型公益组织，充当出资方与受益方之间的桥梁，倡导政府、企业和民众关注社会议题并推动其解决。

除了公益组织，我认为企业在社会问题的解决中也发挥着非常重要的作用。举个例子，我们有一位非常优秀的企业家校友，致力于推动中国基础医疗问题的解决。我国基础医疗问题始终是痛点、难点。百姓看病通常会选择公立的三甲医院，三甲医院人满为患，而二甲、一甲医院则存在医疗资源闲置问题。这个学生就敏锐地发现了这个问题，他聘请二甲、一甲医院里有经验又有时间的医生，合伙在城市里建立了私立的基础服务医院，采用国际先进的医疗方案治疗 47 种疾病，除此之外的疾病，他们会建议病人去其他医院治疗。此举既调动了医生的积极性，又在很大程度上帮助纾解了看病难的问题。我相信，我们的民营企业家有能力，也有商业智慧去推动社会问题的解决。

无论往上走还是往外走，都要承担社会责任

问：您认为长江商学院在 20 多年的发展中形成了哪些独特的中国式创新？

陶：长江商学院致力于为中国和世界培养一批具有全球视野与全球资源整合能力、人文关怀与社会担当、创新精神的商业领袖。长江的校友群体以民营企业家为主。众所周知，民营经济具有“五六七八九”的特征，即贡献了50%以上的税收，60%以上

的GDP，70%以上的技术创新成果，80%以上的城镇劳动就业，90%以上的企业数量。如今，国家提出中国式现代化，中国式现代化的背后是经济实力的提升，经济实力与民营企业的发展密不可分。21年来，长江商学院一直致力于为中国民营企业发展贡献力量。

我认为，长江商学院非常有价值的创新是推动企业走向科技创新。一般来讲，企业有两条经营法则：一是控制成本，依靠低成本占据市场优势；二是科技创新，发展先进的科技从而取胜。我刚提到了基础医疗的案例，除此之外还有远程医疗技术的发展，一名医生可以在线上同时问诊多名病人，节约资源，服务更多人，这就是我们所倡导的科技创新。我们要让企业家们学习如何利用互联网等技术手段，把现有的资源发挥到极致。在教学过程中，我们也格外强调可持续的经营模式。企业通过科技创新提升效率，培训员工使用高端的技术设备，培养更加优秀的产业工人，创造更多更好的就业机会，在此过程中，员工的收益有所提升，幸福感也会提升。

问：中国式现代化对商学教育、商学院发展提出哪些新要求？长江商学院如何教育并推动校友在中国式现代化中发挥更加积极的力量？

陶：长江商学院倡导企业家校友做三件事情：一是往上走，技术创新；二是往外走，开拓机遇；三是无论往上走还是往外走，都要承担社会责任，创造社会价值。我刚提到，中等收入陷阱是我们面临的最大挑战，中国的企业家通过技术创新，打造一批高收入的中产阶级，这是往上走的层面。此外，企业家们要具备全球视野，要到东盟国家、非洲这些有潜力的地方去开拓新市场、利用新资源。

在往上走时，很多互联网企业在技术上实现了突破、取得了成就，但与此同时，也引发了一系列社会问题，例如快递员群体权益保障、“996”工作制、青少年沉迷游戏等。企业要想走得更高、更远，实现可持续发展，就必须关注这些社会问题，承担社会责任，运用企业的核心技术推动社会问题的解决，实现经济价值和社会价值的共赢。

在往外走时，社会责任也非常关键。除了要合规经营，着力提供高质量的产品和服务之外，还要主动融入当地社会，履行好社会责任，推动可持续发展。以印度尼西亚为例，我前不久带领长江校友在印尼游学时发现，当地很多员工中午只吃炒饭。究其原因，是当地天气炎热，工厂没有冰箱，午饭带到工厂，只有炒饭是能吃的。中国企业走出去，到印尼后，为当地员工提供了冰箱，员工的午餐种类变得丰富起来了。对我们的企业家来说，这是很小的公益行动，但对当地的员工来说，这是关乎健康的重大举措，企业主也因为关注员工的福祉而获得赞许。

对长江商学院而言，我们希望推动中国企业往上走和往外走。在此过程中，倡导企业关注社会问题，履行社会责任，创造社会价值，为中国式现代化贡献力量。

撰文：宋厚亮、张琢

周春生

充分发挥民营经济对实现中国式现代化的重要作用

习近平总书记在党的二十大报告中指出，以中国式现代化全面推进中华民族伟大复兴。

中国式现代化涵盖了政治、经济、社会、文化等各个方面，在经济上，实现高质量发展是其本质要求。民营企业依托更灵活的机制、更强的市场应变能力和更充足的创新活力，在我国发展经济、提升科技水平、转变政府职能、开拓国际市场、转移农村剩余劳动力等方面都发挥了重要作用，是推动经济高质量发展的重要基础。充分发挥民营企业在经济发展中的作用，是实现中国式现代化的重要前提。

二十大报告强调，要继续坚持“两个毫不动摇”，优化民营企业发展环境，依法保护民营企业产权和企业家权益，促进民营经济发展壮大；2023年《政府工作报告》提出，构建亲清政商关系，创造公平竞争、竞相发展的环境，稳定市场预期和提振市场信心，鼓励支持民营经济和民营企业发展壮大；国家“十四五”规划纲要也提出，需要激发民间投资活力，形成市场主导的投资内生增长机制。这些顶层设计都体现了党和国家对民营经济发展的重视程度。

当前，我国民营经济面临总量的阶段性震荡与趋势性收缩、横向竞争加剧与纵向升级受阻、创新质量下降、转型动能不足等压力，民营经济整体活力不足。全球正在经历新一轮以数字为主导的科技革命和产业变革，数字技术的应用为民营企业缓解成长压力、突破发展瓶颈带来了巨大的机遇。其中，数字产业化催生了极具增长潜力的信息通信产业市场，民营企业可以利用技术和业务模式上的先发优势获取大量市场份额；产业数字化可以对传统产业进行全方位、全角度、全链条的改造，为民营企业带来生产效率的显著提升。

民营经济在面对机遇的同时也面临着市场势力集中导致的垄断或寡头垄断，以及技术和商业模式更新不及时而被市场淘汰的挑战。

我国已逐渐进入数字经济时代，政府和民营企业都需要做出努力，抓住时代发展的机遇，充分发挥民营经济对实现中国式现代化的重要作用，将我国全面建成社会主义现代化强国。

民营经济在当前面临哪些机遇和挑战？如何看待民间投资增速下降？如何提振企业家信心、激活民营经济活力？针对这些问题，长江商学院金融学教授、EMBA项目学术主任、长江商学院教育发展基金会理事长周春生给出了他的分析。

从民间投资看我国民营经济发展状况

改革开放以来，我国民营经济发展共经历了起步和加速（1978—2001 年）、跨越式发展（2002—2011 年）以及高速发展转向高质量发展（2012 年至今）三个阶段。

截至 2021 年底，我国民营企业已达到 2773.27 万家，贡献了我国 90% 以上的企业数量、80% 以上的就业岗位、70% 以上的技术创新成果、60% 以上的 GDP、50% 以上的税收和 40% 以上的进出口总额，成为我国经济发展不可或缺的一部分。

民间投资可以推动技术创新、提升全要素生产率、促进产业结构升级，并缓和产业结构高级化对经济增长的负面效应，对经济增长势能具有强力的推进作用，其活跃程度可以在很大程度上反映民营经济发展的活力。

近 20 年来，我国民间固定资产投资额呈现上升的趋势，由 2002 年的 12507 亿元上升到 2022 年的 310145 亿元，增长了近 24 倍，年平均增长率达到 18%，增长速度较快。但民间投资增长率却以 2012 年为分水岭呈现出截然不同的变化趋势。

2002—2011 年，民间投资平均增长率达到 34%，总投资增长率一直在 30% 上下小幅波动，二者出现“双高”的现象。在该时期，民间投资不仅持续高增长，且其占总投资的比重也基本呈现逐年上升趋势，具有很强的活力。这主要得益于这段时期我国经济高速增长、加入 WTO 带来巨大机遇以及我国非公有制经济的地位得到正式确认。政府在市场准入、资金支持和社会服务等多个方面给予民营企业支持，为发展民营经济奠定了基础，极大提振了民营资本的投资热情和信心。

2012—2022 年，民间投资和总投资额虽然逐年上涨，两者的增长率却基本呈现下降趋势。民间投资占总投资的比重基本在 55% ~ 60% 之间波动，较为稳定，但民间投资在 2016 年、

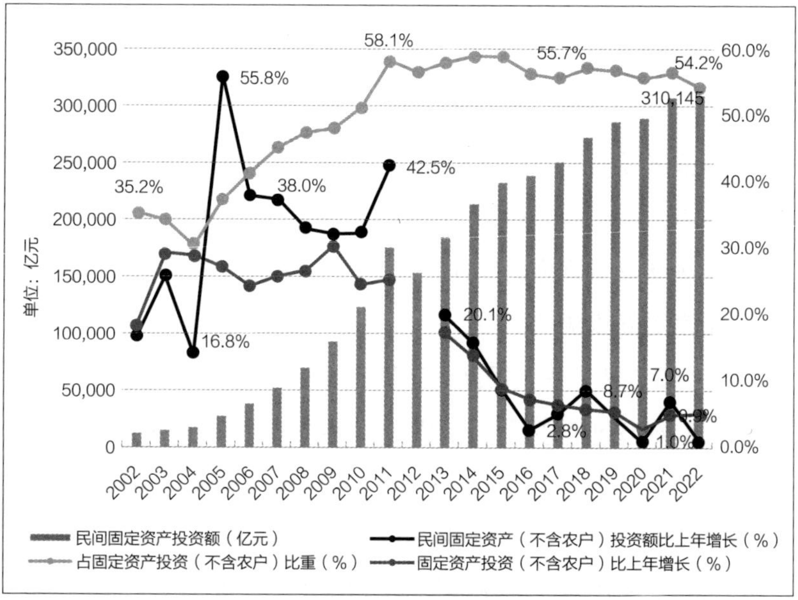

▍数据来源为历年《中国统计年鉴》和《中国投资领域统计年鉴》。国家统计局从 2012 年开始统计民间投资数据，2002—2011 年的民间投资数据由作者计算得出；《中国投资领域统计年鉴 2021》对 2012—2020 年的投资数据进行了修订，修订后的投资增长率与修订前趋势基本一致，不会影响对增长率变动趋势分析的结论。

2002—2022 年中国民间投资规模及其占比趋势图

2020 年和 2022 年的增长率分别为 2.8%、1% 和 0.9%，显著低于总投资增长率，出现严重“失速”。

社会各界主要从三个角度对民间投资增速下降进行解释，即制度因素、“挤出效应”和预期变化。

制度因素主要强调民间投资面临的融资约束、行业准入问题和不平等待遇；“挤出效应”意为大量的政府投资挤出了民间投资，其核心是利率机制；预期变化指民营投资者未来预期的恶化。

这些都是影响民间投资的重要原因，但受制于结构性、体制性、周期性问题，前两个角度的问题多年来一直存在，并非近年来我国民间投资增速下降的主要影响因素。

从多个视角来看，我国民营经济活力下降的最主要原因是企业家信心不足。

近年来，我国劳动力、土地和大宗商品等生产要素价格持续上升，制造业普通员工的基本工资约为同期缅甸的 3 倍、越南的 2 倍、印度的 1.8 倍，传统生产成本优势不断减弱。在新的竞争优势尚在建立的情况下，生产要素价格的上升不断侵蚀着企业利润。

2012—2021 年，我国 A 股上市公司的净资产收益率（ROE）呈现逐步下降趋势，由 11.27% 下降至 4.32%，且从 2016 年开始下降速度加快；新三板挂牌公司的 ROE 变动幅度更为剧烈，由 2015 年的 13.66% 下降到 2021 年的 -0.53%。投资回报率的下滑使得企业盈利预期悲观，降低了民营经济的活力。

2012—2022年，我国GDP增速由7.9%下滑到3%，虽然2020—2022年受疫情因素影响较大，但从长期趋势来看，我国经济已经由高速增长逐渐过渡到高质量发展阶段。民营资本具有明显的顺周期、波动大的特征，当经济繁荣时，民间投资往往高速增长，但在经济下行时期，民间投资退出的速度更快。

从2015年开始，衡量我国经济不确定性的EPU和TPU指数大幅上升且高位波动。经济政策不确定性的增加不仅加重贸易摩擦、影响企业生产经营，而且会弱化长期投资需求。民营资本对经济政策调整尤为敏感，当经济增速放缓时，这种抑制对其活力会产生很强的负向作用。

综合来看，我国宏观经济增速放缓、经济政策不确定性增加以及企业投资回报率持续下降导致企业盈利预期下降，加之全球经济增长乏力、再工业化浪潮对我国诸多产业形成多重挤压以及西方发达国家对我国发展的遏制，内外部因素都导致民营资本对未来经济的稳定性和持续性产生强烈担忧，造成企业家信心严重不足。

数字经济：民营经济发展的机遇和挑战

当前，中国传统二元经济结构已经终结，随之而来的是有限供给与无限供给竞合的新二元经济时代。生产要素流动、产业结构和经济结构转变，以及经济增长的规律都发生了巨大变化。

传统二元经济是指传统农业部门和现代工业部门并存，并且两部门之间生产效率存在很大差异的现象。其本质上是一种非均衡经济，以刘易斯的二元经济模型最具代表性。

我国在 2004 年和 2010 年出现“用工荒”，分别表现为缺乏熟练劳动力和简单劳动力，且每次进城务工人员的工资都有明显提高。其根本原因在于我国适龄劳动力增量快速下滑，代表“刘易斯拐点”的两个标志已经出现，传统二元经济基本终结。

谈到新二元经济，首先要明确什么是无限供给。资源稀缺性是传统经济学的一个核心假设，即资源使用具有排他性和竞争性。而智慧产品和数字产品的生成过程和产能发生了根本性变化，企业可以以 0 边际成本无限提供（复制）产品，可以同时或者短时间内满足市场任意需求。无限供给产品不再稀缺，其使用也不再具有竞争性。

例如，微软的 Windows 操作系统和 Office 办公软件、腾讯的微信、百度的搜索引擎、科大讯飞的智能语音识别系统和高德地图的电子地图服务等，这类服务可以被看作无限供给产品。

随着数字化、智能化不断发展，无限供给新经济部门不断发展壮大，而有限供给传统经济部门依旧举足轻重，两者之间既相互竞争又相互促进和融合，共同构成一个崭新的经济体系，我们称之为“新二元经济”，其本质是均衡经济。两大部门的差异不在于劳动的边际效率与工资水平，而在于产品的边际成本与部门的增长方式。

数字经济是新二元经济中无限供给经济的核心部分，随着数字技术的进步，民营企业面临着巨大的发展机遇。

在有限供给的经济里，企业增长需要靠土地、资本、劳动等要素投入来推动，关注的重点是供应端，需求主要通过刺激企业的投入意愿对企业规模产生影响。传统生产要素在生产过程中会不断损耗、折旧。

新经济时代，数据作为一种新的生产要素具有虚拟性、规模报酬递增等传统生产要素不具备的特征，还具有非竞争性、非排他性（或部分排他性）等公共物品特征，企业的增长路径会发生质的变化。当企业生成的产品可以无限供应时，传统生产函数描述的投入产出关系、企业成长和经济增长规律就失去了意义。数据、技术一旦产生就永远存在，可以长期重复使用，没有损耗和折旧。无限供给产品生产企业的增长所依靠的不再是产能的扩大，而是用户的增长，决定企业规模和增长速度的核心因素由供给端彻底转向需求端，资产无形化和用户资产化成为企业发展的两大趋势。因此，通过营销快速获取客户，并成功做好后续服务，企业会水到渠成地实现裂变式增长。

这种不需要持续高投入的增长方式在一定程度上解决了现今生产要素价格升高的问题，对缺少资金支持的民营企业十分有利。

新经济给民营企业带来机遇的同时也带来了巨大的挑战。锁定效应、网络效应和正反馈效应的彼此作用，会进一步促进用户快速增长，强化先进入企业的竞争优势；无限供给产品的多功能性以及用户（流量）资产的可变现性，使得跨界经营成为数字经济的一大特点，企业竞争逐渐从产品竞争、单个企业单打独斗，转变为生态圈的较量。

然而，无限供给产品不需要大量同质化产品的供应商，这类产品的市场一般不会是完全竞争的，市场演化的结果很可能是市场势力的集中，形成某种程度的垄断或寡头垄断。这对后进入者以及大量中小民营企业的发展都提出了挑战。

从产业经济学的角度看，颠覆式创新和新经济的繁荣会带来产业结构的变化。数字技术和智能技术的进步与广泛应用，不仅提高了生产、交易和信息流通的效率，大大降低了交易成本和信息不对称，还催生了许多新产品和新商业模式。产业数字化、数字产业化和战略性新兴产业成为新的产业发展趋势。

数字经济的发展主要从数字产业化和产业数字化两个方面为民营经济带来新的机遇。

一是数字产业化催生了增量市场。主要包括电子信息制造业、电信业、软件和数字技术服务业、互联网业等信息通信产业。

根据中国信息通信研究院发布的《中国数字经济发展报告》可知，2021 年我国数字产业化规模达 8.4 万亿元，比上年增长 11.9%，占 GDP 比重约为 7.3%，增长潜力巨大。而民营经济在人工智能、大数据、区块链、工业软件等数字产业领域，以及平台经济、共享经济等新业态上具有先发优势，可以充分享受产业结构变化带来的发展红利。

二是产业数字化有利于推动存量市场。数字技术催生了生产与管理过程的数字化与自动化，使产业链、供应链实现更好的连接，也改善了供应商、生产者、消费者间的联系和互动，能推动实体经济转型升级。

据中华全国工商业联合会统计，2022 年民营企业 500 强中，超过 80% 的企业已经开展数字化转型，极大地提升了民营企业的生产能力和生产效率。但是，对民营企业来讲，由于技术变迁和颠覆式创新的出现，其面临的经营风险和不确定性也大大增加。

从相对宏观的角度来看，数字化赋能作用非常强大，但从微观角度来讲，有大量传统企业或细分行业被新技术颠覆。稍有不慎，民营企业就难逃被淘汰的命运。

充分激发数字经济背景下民营经济活力

从政府层面来看，最重要的就是提升企业家信心、激活民营经济活力，并为民营经济、数字经济发展提供良好的政策保障、法治环境和舆论环境。

第一，在认识到民间经济活力会随宏观经济增速放缓而下降这一事实后，遵循经济发展客观规律。

应从更高层面寻找推动经济持续增长的中长期力量，使经济增速在合理期间内有序运行。采取深化简政放权、放宽行业准入标准、完善市场机制、缓解融资难融资贵等措施解决民营企业面临的融资约束、行业准入约束和不平等待遇等老问题，创造一个国际化、法治化、市场化的营商环境。

针对社会上对民营企业不正确的认知、不友好的舆论环境，政府应从政治高度进行正确引导，让社会大众认同民营企业也是中国式现代化建设的重要参与者，也是中国式现代化建设的重要贡献者。

政府应鼓励民营企业依法、合规经营，为解决中国经济发展和科技创新的难点做贡献；应如同尊重人才、尊重科学家一样，尊重遵纪守法，为社会做出贡献的企业家群体。

第二，针对近 10 年来民间投资增速不断下滑的情况，政府在制定和调整经济政策前，应该对其不确定性带来的负面影响做出合理评估。

应做好宏观经济发展和微观市场主体之间的平衡，尽量保持宏观经济政策和制度安排的平稳性、持久性和有效性，引导公众合理预期，减少企业家由于“动物精神”对处于低经济增速时期政策风险的高估。同时，政府可以通过提升人力资本，改善劳动力结构和劳动力质量，适当延迟退休年龄，增加劳动力供给，打破城乡建设土地二元结构现状，激活农村土地资源，增加土地供给，优化工业电力、天然气价格形成机制，进一步降低生产要素价格，并通过持续的政策优化降低民营企业综合税负和运营成本。

第三，充分发挥我国在制度、基础设施和市场等方面的独特优势，促进数字经济快速规范发展。

首先，应加强新一代数字基础设施建设，加强对数字信息技术人才的教育与培训，增加高端芯片、工业控制软件、核心元器件等关键技术的研发投入，攻克我国关键基础技术薄弱环节，提高数字产业化发展水平，并推动数字技术与传统产业融合，实现产业数字化转型。

其次，应认识到，在新经济时代无限供给领域，产业和市场势力集中是一种常态，法律法规和经济政策的制定需要既能兼顾规模效益，又要防止垄断势力成为社会创新和中小企业发展的障碍。因此需要合理配置牌照和许可证资源，促使持牌企业公平服务其他企业及社会大众，并完善反垄断法和反不正当竞争法等法律法规，且在执行层面进行强化。

最后，应切实保护知识产权，提升企业在创新、研发方面的持续投入动力；规范数据、流量共享和交易行为，创建一个更加公平合理的市场环境；降低中小企业用户获取成本，引导合理适度的数据共享，规制大型公司对数据和流量的垄断，防止出现严重的“数据孤岛”现象。

从民营企业层面来看，要认清新经济的运行规律，抓住数字经济时代巨大的发展机遇，克服面临的困难。

第一，在数字化、智能化不断发展的数字经济时代，民营企业需要认清以下事实。

一是企业增长由供给约束转变为市场约束，这是一个根本性的转变。

二是未来简单劳动和智慧劳动之间的差异会持续扩大，将来劳动力的质量远比数量更重要，原本所说的劳动力红利，未来可能不再举足轻重。技术、创意、IP（知识产权）、商业模式、大数据等智慧成本，将成为比机器设备更重要的生产要素。

第二，民营企业需要努力发展自身的无限供给元素。

民营企业是我国创业就业的主要领域、技术创新的重要主体，而数据和技术是典型的无限供给元素。需要强调的是，无限供给并非互联网行业的专利，传统行业有限品中都含有无限元素，比如技术供应。

当一项技术发明出来，产品化了，这项技术实际上可以无限使用，比如特斯拉因为其造车技术、软件系统、智能化程度等各方面更好，所以它超过了福特、通用、宝马、奔驰等老牌汽车制造厂商。而传统企业产品的附加值也主要来源于一些无限元素，如技术、配方。

第三，数字化可以驱动传统制造业不断向中高端迈进。

对规模化民营企业来讲，企业应着重推进企业数字化重塑，并转变思维方式，由工具改造思维转变为真正的数字化企业思维。

借鉴华为公司数字化转型的成功经验，民营企业需要做出几方面努力。

首先，坚持一个整体战略，将数字经济转型定位为组织整体战略，进行全局谋划。具体包括数字化转型的愿景和使命、定位和目标、战略举措以及新商业、新业务、新管理模式。

其次，创造两个保障条件，数字化转型既需要有强力的组织来支撑，又需要不断培养转型文化理念，营造良好转型环境。

再次，贯彻三个核心原则，将战略与执行统筹、业务与技术双轮驱动、自主与合作并重三个原则贯穿于转型全过程。

最后，推进四个关键行动，持续推进顶层设计、平台赋能、生态落地、迭代四个行动，不断提升企业数字化能力。

撰文：周春生

本文来源：《企业改革与发展》杂志

| 朱睿

企业在中国式现代化进程中是重要枢纽

迈向新时代，中国式现代化事业波澜壮阔。以社会创新、商业向善为导向的长江人正是这波浪潮的推动者。

一直以来，长江商学院朱睿教授都是本土化商业向善的理论研究者与实践推动者。她从中国传统文化“以义制利”的思想出发，提出了“因义而利”，探究中国商业文明“利他”的本源。此外，在朱睿的率领下，长江商学院于2022年先后发布了中国游戏行业商业向善倡议和中国餐饮行业商业向善倡议，引发极大关注。

在中国式现代化背景下，针对商业向善的理论、实践和未来等相关问题，我们访谈了长江商学院市场营销学教授、ESG及社会创新中心主任、长江商学院教育发展基金会监事朱睿。

企业连接各方，起到枢纽作用

问：党的二十大报告指出，中国式现代化是人口规模巨大的现代化，是全体人民共同富裕的现代化，是物质文明和精神文明相协调的现代化，是人与自然和谐共生的现代化，是走和平发展道路的现代化。在这五个方面，您认为企业可以发挥怎样的重要功能？

朱：企业在经济结构里起到枢纽作用，因为它可以创造财富并影响其分配。下面这张图可以比较形象地表达这个观点：

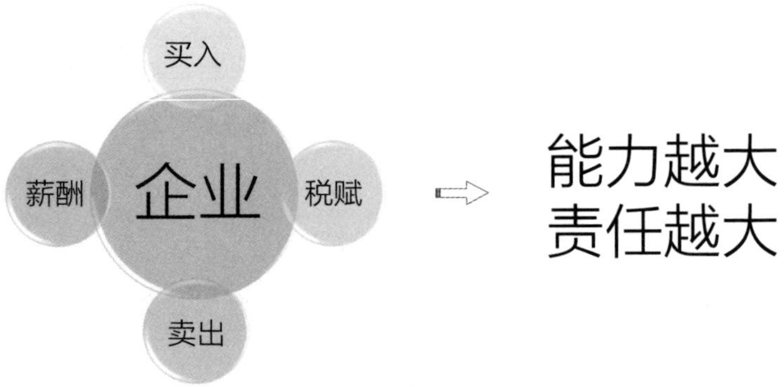

企业在经济结构中的枢纽作用

企业为了生产，需要采购原材料，对上游的供应商会产生影响。采购原材料后，它进行生产加工，做出市场需要的产品，然后卖出，这样就会对下游的 B 端、C 端产生影响。与此同时，如果横向看，企业为了进行生产，需要雇佣员工。不仅为员工支付薪酬，还要为社会缴税。因此，当企业遵循市场逻辑，可以正常运转的时候，它就成为经济活动中的重要枢纽。

正因为企业连接各方，起到枢纽作用，在中国式现代化进程中，无论从哪个维度去讲，它都可以发挥出重要的促进价值。企业通过雇佣员工，创造出更好的商业价值，进而促进物质文明、共同富裕。同时，企业可以打造出以人为本的企业文化，对员工及整个社会的精神文明建设起到至关重要的作用。此外，企业能够运用公平采购的原则，去推进人与自然、社会、环境之间的和谐共生。

问：在您的主持下，长江商学院于 2022 年先后发布了中国游戏行业商业向善倡议和中国餐饮行业商业向善倡议，引发了极大关注。您期待透过向善倡议推动哪些创变？接下来还会做哪些领域的商业向善倡议或推动工作？

朱：倡议跟我以往做的学术研究有很大区别。做学术研究通常是为了发表，发表就是终结。但做商业向善行业倡议的关注点非常不一样，我们会聚焦在共创的过程，发表仅仅是个起点，我们希望倡议下的行业能够真正行动起来，推动实践。

以餐饮行业的倡议为例。去年倡议发布后，我在不同的场合做推广，同时也接到中国餐饮协会的邀请，在他们的年会上分享、探讨如何让倡议影响成百上千的餐饮企业。我还邀请这些企业围绕倡议去发布自己的可持续发展报告（或者餐饮向善报告）。讨论时我发现，大家都很有意愿做餐饮行业的可持续发展战略和报告，但却不知道怎么做。我在想是否可以提供模板，或者外包服务，帮助他们梳理框架，提供方向。

我们作为中立的学术机构，可以汇总成百上千家企业的实践情况，了解当今餐饮行业的水平、行业标准等。每一家企业看到汇总信息和行业标准后，就会很自然地想“我能不能做得比别人、比行业标准更好”。我相信，这一定可以引导整个餐饮行业向善。

问：接下来还将在商业领域的哪些行业中继续发出并推动这种倡议？

朱：餐饮行业是我今年想深耕的行业。我们不希望连续发布多个行业倡议，然后就搁置在那里。我非常希望倡议的发布能真正推动行业进步，让更多企业受益。

在游戏行业，我们目前已经和几家头部游戏企业合作了一些项目，解决如何让游戏变得更加向善这一问题。比如让玩家不要过度上瘾、用游戏的方式帮助弱势群体等。

我原本计划在多个行业陆续发布倡议。但现在，我更希望先深耕已发布倡议的两个行业。等积累了一些经验，再陆续拓展到其他行业。

目前主要是两个方面。首先，是有越来越多的餐饮企业愿意通过行业倡议推动企业自身的可持续发展或者 ESG 信息的披露；其次，大家应做出实际行动。披露的目的不是为了做宣传，而是通过这样的梳理，企业可以看到下一步该努力提升的方向。如果大家都能意识到向善的重要性，愿意做出实际改变，这将回归倡议的初心，我也会特别开心。

例如餐饮企业“九毛九”，在与创始人沟通时，我发现ESG、商业向善的理念已经完全深入他的骨髓了。我们最近的交流都围绕着如何通过商业向善的方式开拓新业务、寻找新机会，如何通过商业方式更有效地解决社会问题这样的话题。

在我看来，“深耕”就是想法可以引发他人的共鸣，并且令其愿意付诸行动，他们再将信息反哺给我，为我提供更多素材，从而激励更多的人行动。

让社会更好，同时也让企业更好

问：长江商学院有那么多企业家、学员，他们是怎样回应或跟着您的脚步实践的？

朱： 我们是从长江EMBA项目开启的商业向善实践课程，每位同学都会设计并执行自己企业的一个商业向善实践项目。经过多轮讨论和辅导，一些亮点项目会浮现出来，我们也会对这些项目进行重点跟进和传播。每当听到这些亮点项目的分享时，我都心潮澎湃。举个例子，三周前我们组织了一次亮点项目的分享活动，其中一位EMBA同学是一家从事缆车业务的外企的中国区负责人。上完商业向善实践课程后，他就开始琢磨，如何让轮椅使用者同样可以乘坐缆车，享受高空美景。通常，轮椅不能进入缆车，因为它占地面积大，各方面成本就会相应提高。但借由这门课的实践作业机会，他决定把心里的想法付诸行动。当然，这中间有很多阻力，来自方方面面，但这也恰恰凸显了长江同学的特点和优势，他们往往处在可以做决定的位置上。所以，在突破很多限制后，他和团队找到了保时捷设计室，设计了轮椅可以自由进出的吊厢。值得一提的是，这个吊厢在一年之内就被应用到青岛崂山景区！轮椅使用者可以自行进入缆车吊厢，崂山景区因此获得了雷锋奖，公司也得到了总部的高度认可，并开始研发更加无障碍的缆车。他在分享时，有一句话令我记忆犹新，他说："本来只是为了应付一次作业，结果一不小心把它做成了事业。"你可以想象，作为老师，我当时心里是何等欣慰！

类似的例子其实有很多。在 EMBA 36 期商业向善实践课程结束的时候，我们从 500 多个项目中选出了 22 个项目，做了一本实践集。之后的每期我们都会出实践集，生成案例库，希望后续的同学在做项目时，可以参考学长们的项目，踩在前人的肩膀上，青出于蓝而胜于蓝。

在长江商学院，我和项目组的同事都是在播种，把商业向善的种子播撒到每个企业家的心里。事实上，种子本身就在，只不过可能在激烈的，甚至是恶劣的市场竞争环境下被遗忘、掩盖掉了。我们通过课程与实践将这些种子激活，一旦激活，凭借中国企业家们的勤劳与智慧，就一定会做出超乎想象的商业向善项目。这个过程也会让企业家找到精神寄托，并因为利他而赢得尊重。

问：新型产业和传统产业在向善路上的可能性是一样的吗？

朱：每个企业家具体要做的事不一样。在理论课上，我会跟大家讲，不同的维度、不同的层次可以去做不同的项目。同时，我也鼓励每个同学结合自身企业的特点，找到“我最擅长做什么”，再将“我最擅长的”跟社会痛点结合。虽然项目各不相同，但我也会强调，这里的底层逻辑是相通的，即如何通过利他的初心帮助他人，如何通过创造社会价值让自己的企业获得商业价值，从而更可持续地发展。

遵循这样的底层逻辑不仅可以让企业更可持续地发展，还可以给企业家带来尊严和快乐。前不久，我在云南香格里拉实地访谈松赞集团创始人白玛多吉。他提到做松赞酒店的其中一个愿景是帮助人们找到通往快乐的隐秘之门。那究竟什么能带给人们快乐，而且是持续的快乐？他转述了菩萨的一句话——世间所有的快乐都源于希望他人快乐，世间所有的痛苦都源于希望自己快乐。我也希望践行商业向善能给企业家带来精神上的正循环。

问：采访一开始您提到企业是社会枢纽，商业越来越向善了。那么跟过去“在商言商”的观念相比，商业向善在中国式现代化进程中应该发挥的作用还会再发生变化吗？

朱：是的，我有这种感受。在20世纪70年代，诺贝尔奖得主、经济学家米尔顿·弗里德曼曾提出，作为一家公司，只要股东利益最大化就可以了。但2019年，在美国“商业圆桌会议”上，181家美国顶尖企业的企业家联合签署声明，重新定义公司的宗旨。他们呼吁不能只关注股东的利益，也要关注员工、客户、社区、供应链等多方的利益。这在当时是非常轰动的。

社会在急剧变化，商业向善是时代趋势。在1950年之后，世界的能源消耗指数级增长，贫富差距也在扩大。如今，在全球收入最高的前10%和收入底层的后50%的人群间，收入差距是非常惊人的数字。当贫富差距拉大，环境恶化时，社会会出现一系列问题。

既然有那么多问题出现，企业又是枢纽，那么企业就责无旁贷，要主动解决问题。首先，企业要真正关注多个利益方的共同价值，就像我在《未来好企业》一书中提到的“企业共益实践三部曲”，企业要有共益价值观，要真正在乎如何利他。同时，企业要利用自身优势，有效解决社会问题，并通过创造社会价值，给企业带来更好、更可持续的发展。这也是为什么我会把商业向善的理念浓缩为“因义而利”。

“因义而利”的因果关系特别重要

问：中国传统儒家认为要“以义导利”，这和您提出的“因义而利”，倡导的商业向善与社会创新，以及与中国传统商业文明是怎样的关系？

朱： 我与长江商学院经济学教授范昕宇一同做过十期“从中国慈善史看商业向善与社会创新”系列研究。之所以做这个研究，是我在授课过程中意识到，一直以来，我们忽视了中国传统文化中蕴含的商业向善和创新理念。我们要告诉大家，“向善”“利他”不是一个舶来品，中国历史上有过非常多的理论与实践，譬如在各地大批出现的商帮，以及关于义和利的探讨。

荀子就曾说过，“以义制利”，要用义来抑制利。人没有约束，就像没有了紧箍咒的孙悟空，可能滋生各种腐败、短期主义，所以要“以义制利”。后来，古人又提出“以义导利”，这中间有过一系列变化，但“义”始终在“利”的前面。而我只是把它们再往前推进一步，我认为二者是因果关系，即“因义而利”。这里的顺序特别重要，不能反过来。如果反过来，利在前，就不一定能带来义。只有初心是“义”，才有可能真正为“利他”而做一件好事，为他人创造价值，并因此得到信任与认可，从而获得回报。起心、动念很重要。在我的“企业共益实践三部曲”里，第一步就是强调共益的价值观，也就是利他精神。

问：改革开放以来，商业文明在持续地形成和丰富。“以义导利”“因义而利”对现在您所研究并倡导的商业向善与社会创新，对正在形成的新商业文明又会有怎样的补充？

朱： 这些概念丰富了中国式的社会创新。“商业向善”是一个较为独特的词，我把它提出来，并将其定义，它更针对企业。企业践行“因义而利”，更好地解决社会问题，因而获得商业价值。但“社会创新”是个更大的概念，更强调如何通过多方合作，用创新的方式系统地解决社会难题。商业向善的主体是企业，但社会创新强调的是通过多方合作，包括政府、公益组织、企业等，用创新的方式规模化地解决社会问题。

我每年都会给伦敦商学院的学生上一次课，讲授中国的社会创新。在这个过程中，我发现中国社会创新有如下几个特点。

第一，因为我们是大政府，所以如果能和政府合作，做符合国家大政方针的项目，效果会非常显著。

第二，数字经济的高速发展有效推进社会创新。中国数字经济、互联网技术发展十分迅猛，这些技术上的开拓和应用可以有效推进社会创新，比如实现人人公益的捐款模式。举例来说，腾讯等互联网平台，利用其平台优势以及连接属性，有效触达老百姓，并通过一系列创新方式，让越来越多的人参与到公益事业中。再比如，万物新生集团（“爱回收”业务的母公司）就是通过数字化技术，与政府积极互动合作，实现可回收垃圾的回收，分拣，再利用，真正通过商业模式让循环经济得以实现。由此可见，数字经济以及互联网技术的应用对中国的社会创新起到了重要作用。

第三，国际化经验需要本土化。国外在社会创新方面有很多值得学习的地方，但往往不能照搬过来，需要有针对性地本土化。在国外，商业向善已经有非常多的标准了，但你会发现，这些标准对今天的中国企业未必适用。这也是为什么我们要做符合中国国情的标准，符合现阶段的行业商业向善倡议。

问：过去我们认为公益组织是除了政府之外，社会创新的主要力量，但企业是否越来越成为社会创新的主体了？

朱：首先，可以肯定的是公益和慈善组织仍然是推动社会创新的主要力量，随着社会的发展，传统做法也在发生变化。在与公益人士交流时，我发现他们也在迭代自己，争取连接多方，用创新的方式实现对弱势群体的有效帮扶。

其次，商业组织对于社会创新同样非常重要。企业擅长造血，所以如果能可持续运营，并在讲究效率的同时兼具利他精神，一定会对社会问题的解决起到至关重要的作用。

第三，事实上，政府、企业、公益组织，每一方都有各自独特的作用。同时，每一方的作用都应该随时代的变迁而去迭代、发展。如同人一样，今天的我比昨天的我更优秀。因为今天的我知道得多了，看到了更多问题，会用更有效的方式来解决今天面对的问题。

为全球发展注入中国力量

问：作为商学院的研究与倡导者，商业向善是否意味着长江商学院的教育研究方向在创新与丰富？

朱：是的，我非常希望正在进行的商业向善研究及实践可以发挥更大的影响力。从前，比起在公共场合发声，我更习惯于在咖啡馆里做研究，这是一种令我极度自在的状态。但现在，为了推动商业向善，为了让它真正影响更多企业、企业家，为社会带来新的商业精神，我也在努力改变自己，做更多公共表达，因为那是我想做的事情。

我乐于与其他院校同仁分享，在社会创新与商业向善实践课程的设计中，我们也会邀请非长江校友加入。商学院是推动社会创新的重要力量，每一位同学都是星星之火。我希望，商业向善能真正让社会、企业、企业家、员工等多方共同受益。我已经能看到这样的趋势。

在这个过程中，我自己也是很大的受益者，收获了很多成长。今年，我们长江商学院会着手做 ESG 报告，我希望这个过程可以让尽可能多的人参与进来，共创，共益。

问：长江商学院即将要发布的 ESG 报告是商学院里的第一份吗？

朱：我们不是第一份，但我们希望成为先行者之一，并且独具长江特色。我希望这份报告让大家看到，作为推动可持续发展和商业向善的一所商学院，长江都做了哪些有价值的工作，今后可以在哪些方面继续努力。比如，测量长江人的碳足迹，看看哪个环节用得最多，怎样去节能减排。我特别期待这件事，长江的每一位教授、员工、学员都能参与到其中，看到自己的碳数据，同时也能尝试开展自己的实践，如以后随身带水杯，减少使用塑料制品和其他一次性用品。这些点滴变化汇集起来，就会成为向善的海洋，正如那句“因为向往大海，所以汇入长江”，希望每个长江人都因此而自豪。

问：长江商学院如何教育并推动校友在中国式现代化中发挥更加积极的力量？您有什么期待或者思考？

朱：作为长江的一员，作为长江的教授，我当然是希望学院越来越好，发挥更大的社会影响力。我们拥有创造着经济和社会价值且数量庞大的企业家校友，他们正是推动经济发展和社会创新的主体。如何以商业向善的理念引导校友，并与他们共创价值，为社会做出贡献，这是值得长江持续思考的题目。

当然，这种意义不仅体现在中国，同时也体现在对世界的贡献中，这也是项兵院长所推动的全球化尝试。我们希望将中国的本土化实践与创新内容传递到其他国家，实现东西方平等对话，为全球发展注入中国力量。譬如，我们和伦敦商学院、斯坦福大学等国外顶级院校合作授课，这就是以教育创新推动全球化发展的方式。

此外，我也在思考如何在长江内部持续创新。去年年底，我们的同学在分享他们的商业向善项目时，我发现更多同学是因为向善理念和实践项目联系、合作起来，伙伴间的影响远大于教授的传授作用。我期待，未来同学们能在商业向善实践课程上"卷"起来，在多方合作的过程中碰撞出新想法与新实践，我相信这会是激发长江未来教育创新的灵感源泉之一。

撰文：宋厚亮、张琢

第二章

中国式现代化社会创新的公益道路

李实

中国式现代化的基础是全面、高质量发展

作为中国式现代化的特质之一，实现全体人民共同富裕具有重要时代意义。由此引发的正确处理效率与公平的关系，构建初次分配、二次分配、第三次分配协调配套的基础制度体系，发挥第三次分配作用等本质问题对中国式现代化道路至关重要。

浙江大学文科资深教授、浙江大学共享与发展研究院院长李实认为，在中国式现代化的背景下，收入分配结构将持续优化调整，第三次分配会越来越受到重视。第三次分配意味着动员社会慈善力量，形成先富带后富的社会浪潮。这不仅要激发企业家参与公益事业的积极性，还需要引导建立一个人人都愿意做慈善的社会风尚。

新时期下，收入分配制度会有哪些调整？企业应当如何高质量发展？企业如何与公益力量形成合力，推动社会创新？我们访谈了著名经济学家、被誉为“中国收入分配先生”的李实教授。

中国式现代化下的收入分配结构

问：党的二十大报告提出以中国式现代化全面推进中华民族伟大复兴，作为一名经济学家，您所理解的中国式现代化是怎样的？

李：通常意义上，人们提到的发达国家往往也是在现代化进程中走在前列的国家，这些国家同时具备很高的经济发展水平。中国式现代化具有各国现代化的共同特征，所以，它的经济水平一定是处在高发展的状态。但我们不能仅仅将经济作为评判中国式现代化的唯一标准，要兼顾考虑社会层面的现代化指标，包括人民的满意度、人民的幸福感、高质量的公共服务等。

中国式现代化追求的是全方位的现代化，是具有不同层次的复合型现代化，包括经济现代化、政治现代化、社会现代化等方方面面。作为一名经济学家，我认为，科技与教育对经济发展具有很强的支撑作用。因此，我更加关注经济现代化、科技现代化与教育现代化。

问：中国式现代化包括人口规模巨大的现代化，如何实现人口规模巨大的现代化？如何扩大中等收入群体规模？

李：人口规模巨大的现代化是中国式现代化的五个特征之一，这并不是说我们要不断增加人口数量来实现现代化，而是在中国已经拥有14亿庞大人口规模这样一个既定条件与特征下，让全体人民达到现代化水平。

中等收入群体的规模是一个动态概念。根据目前的标准，我们大概只有30%的中等收入群体，而低收入人群的比重很高，超过了65%。我们正处在一个相对不稳定的社会结构里，要想实现中国式现代化，就要不断地扩大中等收入人群。

一方面，我们要坚持经济发展。随着经济发展，人民收入水平整体提高，全体人民都能从发展中分享成果，目前的一部分低收入人群将来会成为中等收入人群，中等收入者数量也会自动扩大。

另一方面，我们也应该看到，目前的一部分中等收入人群刚刚过了标准，处在边缘状态。由于就业不稳定，社会保障相对缺失，他们的收入也十分不稳定，很可能从一个中等收入者变成低收入者。扩大中等收入人群规模，也要稳定住这群人，加强社会保障，创造更多的就业机会，提供更多高收入的工作岗位，促进中等收入人群的扩张。

问：中国式现代化是全体人民共同富裕的现代化，实现共同富裕的着力点有哪些？

李：实现共同富裕的着力点有两个，一是实现高水平的富裕，另一个是实现高度的共享。

高水平的富裕包括我们已经确定的两个阶段性目标。到2035年，人均国内生产总值达到中等发达国家水平。到2050年，富裕程度达到发达国家水平。在我看来，我们现在离这两个目标还有相当大的距离。想要实现高水平的富裕，就需要通过一系列的政策措施提高人民的生活与收入水平，比如创造更多高收入的就业岗位，通过人力资本积累深化改革、不断创新等。

从共享目标来说，我们也没能达到预期。在收入差距过大的情况下，城乡差距、地区差距问题也会比较突出。因此，我们要通过收入分配制度改革，如进一步完善税收和转移支付等政策手段来调节过大的收入差距。同时，我们要通过公共资源的重新配置，实现基本公共服务均等化，如实行各种普惠性的社会教育、医疗、养老保障，进一步缩小各种差距。

上述措施会让低收入者拥有更大的发展机会与空间，进一步缩小人与人之间在发展能力上的差距、在财富分配上的差距，最终实现共享目标。

问：实现共同富裕，是推动一种平均主义的共同富裕吗？

李：共同富裕不是整齐划一的平均主义，实现共同富裕更不能采取“杀富济贫”的极端手段。这是共同富裕的原则所在，也是实现共同富裕的长期性和艰巨性所在。在推动共同富裕的进程中，缩小差距的办法不是削减高收入群体的收入，剥夺高净值人群的财产，减少高水平公共服务享有者的份额，而是要提高社会底层群体的收入、财产积累、社会保障水平和享有的公共服务水平，而且要实现更大幅度的提高。采取这种方式，虽然实现共同富裕的进程会慢一些，但会长期有效、更可持续、更加扎实。因此，扎实推动共同富裕的关键是“提低”。

动员社会慈善力量在第三次分配中发挥作用

问：在中国式现代化进程中，收入分配制度会有哪些调整？

李：我们要构建初次分配、二次分配、第三次分配协调配套的基础性制度体系。首先，要实现初次分配中的要素报酬合理分配，在初次分配的生产与市场领域做出相应的制度改革。包括进一步规范生产要素市场，让市场在资源配置上起到更加决定性的作用，减少行政化干预对要素资源流动的限制。

其次，在二次分配上，政府要加大分配政策力度，进一步调节税收结构，增加直接税的比重，降低间接税的比重，使税收发挥更大的调节作用。还需要进行个人所得税的改革，让其不仅能覆盖工薪收入阶层，还可以覆盖所有高收入阶层，实现公平合理的纳税体系，进一步缩小收入差距。

在二次分配中，转移支付也是非常重要的着力点。转移支付就是政府通过社会保障项目，为困难群体提供社会救济与社会福利，比如我们通常讲的低保就是个很好的例子。但转移支付还存在许多问题，比如转移支付的手段相对较少，力度也不够，这就需要我们一方面引入更多转移支付项目，同时对现有项目进行相应调整。比如说地方低保，我们能不能把低保的标准定得更高一点，提高低保资助的覆盖面，再把资助的标准提高一些，增加低保人群的救助金额，通过这些手段来发挥转移支付的更大价值。

最后，就是第三次分配。第三次分配就要动员社会力量，动员更多社会慈善组织在第三次分配中发挥作用，形成先富带后富的社会浪潮。这就意味着，我们需要更加宽容和激励性的体制和政策，激发先富人群参与第三次分配的积极性，让他们主动做慈善。

问：第三次分配越来越受到重视，如何有效推动第三次分配，激活更多企业家的积极性？

李：激活企业家的积极性，这是一个概括的说法。在第三次分配中，资源主要来自于他们，当然也会有部分收入不高的人来做慈善，但力量比较有限。这就需要我们去想一想，如何进一步引导企业家们参与公益事业，激活他们的动力。

这需要形成良好的社会风尚，引导建立一个人人都愿意做善事的社会公益环境，不能让做公益的人反而受到社会上的各种谩骂。

此外，我们还需要完善现有制度，让所有从事慈善事业的人都能得到精神上的鼓励，同时也要得到物质上的奖励。比如，在税收上给予他们优惠抵扣，或者通过税收减免等方式激发他们的动力。

问：效率与公平一直是经济社会的选择性挑战，在 40 多年的改革开放以及建设中国式现代化的语境下，效率与公平会有怎样的偏向？

李：在效率与公平的问题上，人们普遍对效率的理解没有太多歧义，但对公平的认知有很大不同。关于什么是公平，有人认为机会公平才是真正的公平，有人说结果公平才是真正的公平，当然，这是学术上的问题。我们谈的是社会上所理解的公平，更多是分配问题，或者说是共享问题。

在改革开放初期，至少是前 30 年，“效率优先、兼顾公平”是社会主旋律，强调发展和效率，提高收入水平，把蛋糕做大，再兼顾公平。这也不是说不要公平，但是只能兼顾。

2021 年，中央提出的“促进共同富裕”对效率与公平的关系做出了一个调整。实现共同富裕不是“效率优先、兼顾公平”，当然也不是“公平优先、兼顾效率”。我认为，共同富裕是效率与公平同时兼顾的关系，就是同时存在两个目标，一个是实现更高的效率，另一个是实现更大程度的共享。相对于从前的“效率优先、兼顾公平”，现在的天平有些向公平的方向倾斜，但还没有到公平一定要超越效率的阶段。

问：实现中国式现代化，有哪些社会问题是需要重点解决的？

李：按照中国式现代化的五个特征，我们离这些目标的实现还有很大差距，要解决的社会问题有很多。在教育发展上，我们还有很多不足，教育质量不高、教育资源配置不均衡、城乡教育差异大，就算同一个城市，还有重点学校和非重点学校的差别。

还有医疗问题。虽然我们已经有了医疗保障制度，但部分人看病难、看病贵的问题依然存在。按照现代化的标准来说，我们在方方面面都存在着不同程度的问题。实现中国式现代化，实际上就是要克服当下困难，想到解决问题的出路，不断进步、提升。

企业通过社会创新创造更大价值

问：中国式现代化与企业的高质量发展是怎样的关系？

李：我认为，中国式现代化的基础问题是发展的问题，而且是一个全面、高质量的发展。它不仅仅是经济发展，还包括社会、政治等各个层面的全方位发展。

企业的高质量发展只是其中的一个方面，但企业的高质量发展又是中国式现代化最为基础性的一个问题。个人很难依靠自身的力量去创造更大的社会财富，我们社会的大部分物质财富都由企业创造，企业的高质量发展关乎整个社会的高质量、可持续发展，对实现物质富裕是至关重要的。

问：企业应该如何实现高质量发展？

李：第一，企业要建设良好的企业制度。我们都知道，企业自身有一套治理模式，包括所有权制度、企业内部的管理模式等，企业的制度保证是最为基础的。

第二，企业一定要创新发展。如果一个企业没有创新意识，只是单纯延续传统的发展模式，那么它就很难生成所谓的创造力，也很难对社会产生更大的贡献。

第三，企业本身一定要有活力。它能随着市场的变化，不断调整经营战略。企业之间还需要形成相互竞争的关系，通过市场竞争，企业不仅有动力，更有压力，这样才能够健康发展。

问：在中国式现代化中，在政府之外，您认为企业与公益的社会创新如何合力形成解决方案？

李：对企业而言，自身发展好了，可以提供更好的就业岗位，吸纳更多人就业，减少整个社会的就业压力，这就是在解决社会问题。

对社会组织而言，就要发挥自己的独特力量。在政府与企业之外，还存在一些有待解决的问题，比如残障、养老等，对于这部分问题，社会组织就要起到辅助性作用。

在企业与公益的交融方面，社会创新也可以发挥很大价值。企业创办公益事业是实现中国式现代化的途径之一，企业也要承担社会责任，可以通过各种方式参与到公益事业当中。公益本身是有门槛的，有专业化的要求，企业不一定要自己去做公益，可以通过捐赠一部分资源，赋能专业化的公益组织做公益，这样效果会更好。

国外很多大型公司都有自己的基金会，像福特基金会、洛克菲勒基金会，虽然基金会的名字往往也是公司创始人的名字，但它还是脱离了原有的企业主体。这很大的原因就在于，公益组织越来越专业化，它会要求严密的组织架构以及具备专业化技能的员工，如果只是企业来做，不一定能取得更好的效果。无论什么方式，对企业做社会公益，为社会做出贡献的行为，应该给予充分肯定。

培养现代化复合型人才，为中国式现代化助力

问：包括长江商学院在内的商学院，一直是商业、公益与社会创新教育及实践的推动者。您认为商学院的教育创新对中国式现代化与社会创新会有哪些助力？

李：长江商学院是一个教育机构，它具备大学的功能，对中国式现代化的贡献就在于能够培养出新时代所需要的现代化复合型人才，这些人才不仅具备企业家的经营战略水准，还具有社会情怀。人才是社会发展的第一要素，有了人才才能更好地实现中国式现代化。

长江商学院和一般的中国大学有一定区别，它的办学模式、教学方法偏向国外的一些大学，更加现代化。在学校开设公益课程与公益实践活动的理念本身就十分先进，这对其他大学会起到一定的影响作用，其他大学也可以模仿，促进高等教育发展。

长江商学院一直致力于公益事业，践行社会力量在第三次分配中发挥重要作用这一理念，进而能更好地助力实现中国式现代化。

撰文：张琢

傅昌波

企业是中国式现代化社会创新的基础

党的二十大报告提出，以中国式现代化全面推进中华民族伟大复兴。公益慈善与社会创新是中国式现代化的重要内容，为实现中国式现代化发挥着独特作用。

今年3月，《党和国家机构改革方案》公布，其中，组建中央社会工作部引发各界关注。“新中国成立以来，党的工作部门很少变动，此次成立的社会工作部是重要信号，也是重大战略机遇，对公益慈善与社会创新领域影响深远。”北京师范大学社会治理与公共传播研究中心主任傅昌波教授在谈到中国式现代化为公益慈善带来的战略机遇时说。

同时，在傅昌波看来，我们距符合中国式现代化本质要求的公益还有很大差距。《中国式现代化进程中慈善事业的功能定位与发展路径》一文写道：“从社会捐赠总量、人均捐赠额、志愿服务现状看，我国慈善事业与应有规模和质量都相去甚远。

以 2019 年为例，我国接收款物捐赠仅占当年 GDP 的 0.15%，人均捐赠仅 107.81 元人民币；同年美国的捐赠总额占其当年 GDP 的 2.14%，人均捐赠逾 1000 美元。”

中国式现代化是一项波澜壮阔的事业，身处其中的中国式现代化公益应该有怎样的发展水平？企业在中国式现代化中处于怎样的位置，发挥何种功能？面向未来，社会创新将会有哪些发展趋势？为此，我们采访了北京师范大学社会学院教授傅昌波。

中国式现代化社会创新的关键是构筑良性政社关系

问：党的二十大报告提出建设中国式现代化，公益慈善的功能会有怎样的变化？

傅：早在 2006 年，时任浙江省委书记的习近平同志就指出：“必须把发展慈善事业作为一件大事来抓，真正确立慈善事业在经济社会发展中的地位。”他也曾多次强调慈善对推动实现共同富裕具有重大意义，要发挥第三次分配的作用，改善收入和财富分配格局；只有富有爱心的财富才是真正有意义的财富，民营企业家要增强家国情怀、担当社会责任。

党的二十大胜利召开，标志着我国全面开启了中国式现代化建设进程。中国式现代化是以实现全体人民共同富裕为指向的，要规范收入分配秩序，发挥第三次分配作用，推动社会创新，促进慈善事业高质量发展；需要构筑党委、政府与企业、社会的良性关系，这也是中国式现代化的应有之义。

从国家层面看，慈善事业高质量发展，可以弥补初次分配、再分配的缺陷和缝隙，对缩小区域收入差距，促进社会公平正义具有重要意义。慈善事业是社会保障制度的重要补充，《中华人民共和国慈善法》（以下简称“慈善法”）明确了 6 大类 19 项自愿开展的公益活动，其中扶贫济困、弱势群体帮扶、应急救助、公共事业发展、生态保护等领域，都与我国社会保障制度特别是社会救助、社会优抚和社会福利等有机统一。此外，慈善事业还是跨宗教、跨种族、跨文化的共通事业，同时又是非政府、非营利、超意识形态的交流活动，是促进国际民间交往的重要抓手。

从社会层面看，慈善是保持社会创新活力的重要安排，具有政府和市场都无法替代的独特功能。现代慈善事业的重要价值之一，就是运用社会力量，探索政府和市场解决不了或解决不好的社会问题，尝试运用新的技术、新的组合、新的流程寻找公共议题的解决方案，促进实现系统性变革。对于创新性强但失败风险较高的公共议题解决方案，受到严格约束的公共财政和以商业回报为导向的企业资金都很难投入，而源自慈善组织的经费可以承担此类风险。此外，慈善事业是奉献私人资源服务公共目的的事业，开展家庭慈善、家族慈善不仅可以防止社会财富被挥霍浪费，而且有利于培育家族后人对财富责任的正确认知，促进家族成员和谐相处。

从个人层面看，慈善事业助推思想道德建设，能够激发人们形成善良的道德意愿、道德情感，培育正确的道德判断和道德责任，提高道德实践能力，引导人们向往和追求讲道德、尊道德、守道德的生活，形成向上向善的力量。助人为乐也是中国人的传统美德，投身慈善事业能够提升人的精神层次，带来更高层级的“纯粹的快乐”。此外，慈善事业可为普通公众服务公共利益、实现人生梦想提供更丰富的机会，助力个体实现自我价值，促进实现人的全面发展。

问：这为中国公益慈善事业带来怎样的战略机遇？

傅：今年3月，《党和国家机构改革方案》公布，新组建的中央社会工作部引发广泛关注。作为党中央职能部门，社会工作部负责统筹指导人民信访工作，统筹推进党建引领基层治理和基层政权建设，指导混合所有制企业、非公有制企业和新经济组织、新社会组织、新就业群体党建工作，指导社会工作人才队伍建设等。自新中国成立以来，党的工作部门很少变动，此次成立的社会工作部是重要信号，也是重大战略机遇，对公益慈善与社会创新领域影响深远。

在全面建设社会主义现代化国家的新时代，党委、政府和社会究竟是一种什么关系？这个问题值得我们深思。从党的十九大、二十大报告看，我认为应当是共建、共治、共享的关系，再细致一点，是党委领导、政府负责与社会协同、居民自治良性互动的关系。

通常认为，公益慈善是基于政府失灵、市场失灵而发展起来的，公共服务与福利体系失灵的地方需要公益慈善加以弥补。但是，假如政府与市场制度十分完善，类似北欧的几个发达国家，社会保障已经可以覆盖人们从摇篮到坟墓的需求，那还需要公益慈善吗？我的回答是仍然需要！因为公益慈善本身是人民当家作主、体现公民权利的重要组成部分，是现代化国家公民权利的重要实现形式。我们强调党的领导、依法治国和人民当家作主有机统一，人民当家作主不仅体现在民主选举上，参与公益慈善也是其中的一部分。因此，探索建立良性的政社关系，是中国式现代化社会创新的关键前提。

提升社会力量参与公益事业的广度与深度

问：党的二十大报告指出，中国式现代化是人口规模巨大的现代化，是全体人民共同富裕的现代化，是物质文明和精神文明相协调的现代化，是人与自然和谐共生的现代化，是走和平发展道路的现代化。面对这五个方面，公益与社会创新分别有哪些可以发挥的作用?

傅：我们提到的中国式现代化，一定是多元主体共建、共治、共享的现代化，不仅有政府部门参与，还有市场、行业协会、学术团体、社会服务机构等主体参与。想要实现人口规模巨大的现代化，应当走多元主体共建、共治、共享的道路。

实现全体人民共同富裕需要我们优化收入分配结构，构建初次分配、再分配、第三次分配相协调的基础性制度。慈善事业是第三次分配的主要实现形式，慈善事业高质量发展，有助于推动实现共同富裕和人的全面发展。

物质文明和精神文明相协调，不是说公民吃饱了，满足了物质需要就可以，他们还要关注公共利益，参与社会议题的讨论，促进思想道德的进步。慈善事业正能给予他们精神需求充分发挥的空间，让他们根据自己的意愿，将合法获得的资源捐赠出来，辅助解决社会问题，发挥人民当家作主的主体性。

在人与自然和谐共生方面，无论是“双碳”目标，还是保护生物多样性，公益组织都是重要的参与方。我们有不少保护环境的公益组织，也有很多坚持商业向善的美好企业，以新型商业伦理为基础的商业模式必然是环境和生态友好模式。

在走和平发展道路上，有很多公益组织在尝试民间合作。2020 年，深圳市猛犸公益基金会向多个国家捐赠了“火眼”病毒检测实验室核心设备，以先进的新冠病毒检测设备助力国际医疗援助。复星公益基金会、马云公益基金会也开展过类似的国际项目。此外，伴随“一带一路”倡议的推进实施，很多企业通过慈善活动援助沿线国家，在全球冲突暂难缓解的当下，公益慈善将成为重要的民间交往途径。

问：建设中国式现代化，那么中国式现代化的公益应该有怎样的发展水平？现在与之还有多大差距？

傅：我国慈善事业与应有规模和质量都相去甚远，我们需要从4个方面推进慈善事业高质量发展。

第一，拓宽公众参与公益慈善的广度。我国慈善法明确了 6 大类 19 项自愿开展的公益活动，其中包括扶贫济困、弱势群体帮扶、应急救助、公共事业发展、生态保护等领域。我们要提升公众参与公益议题的广度、多元性，不应局限在救灾、救济、救急等传统领域。

第二，提升公众参与公益慈善的深度。基于移动互联网的深度应用和移动支付的高速发展，中国有着良好的促进公众深度参与公益的技术条件。慈善组织在打造“人人参与公益”的数字化场景上还有很多机遇与可创新之处。

第三，要建设常态的公益行业。我国公益行业还处在初级发展阶段，还有很大的发展空间，公益慈善的研究机构、咨询机构、执行机构、评估机构及行业支持网络都有待提升。公益行业应当成为富有吸引力的行业，为从业人员提供合理薪酬，留住优秀人才，不应成为低薪行业的代名词。

第四，慈善的监管效能还需要提升。慈善法提到的相关职能部门应该为社会上愿意用私力投身公益的人提供支持，包括完善税收优惠政策、提供准入领域指引、降低慈善准入门槛等。同时，主管部门应充分运用数字化、网络化手段，改进慈善行业监管手段，提升监管和服务效能。

企业在中国式现代化中仍处基础位置

问：企业与企业家是公益与社会创新的主要力量，建设中国式现代化的公益与社会创新，还需要对他们更深度参与公益提供哪些制度建设或政策支持？

傅：企业慈善与企业家慈善要区分开。企业慈善是企业运用自身的核心能力开展公共事业，企业家慈善是以企业创始人的家族财富为依托开展的家族慈善，包括家人慈善、家庭慈善和跨代的家族慈善等。

我之前为中央统战部做了一项民营企业慈善基金会的研究课题。在调查中我们发现，从全球来看，企业基金会的占比并不高，而占比最多的是个人、家庭、家族捐赠。以美国为例，企业基金会的占比大约是3%，其他绝大部分是家人或家族设立的家族慈善基金会或家族慈善信托。2017年，美的集团创始人何享健在启动捐赠近百亿元的“和的慈善信托（计划）”时，把家族三代人都请到了现场，这是我国现代家族慈善发展的标志性事件。相对而言，企业家慈善的初心比企业慈善更纯粹，管理成本也更低，因为是家族自己捐赠的资金，一般也不存在腐败问题。因此，家族慈善也是我这几年在大力倡导的方向。

在公共政策上，企业慈善、企业家慈善应当与公共基金会有所区别。比如国有企业，它盈利的一部分是国家收入，那么它的慈善捐赠也应该有相应的管理审批机制。像民营企业慈善，特别是上市公司的大额捐款，要有合规的流程。公司的实际控制人捐款，依据章程，如果超过一定比例，可能要召开股东大会或者董事会。

目前，我国企业基金会运行中还存在不少问题。很多企业与企业基金会名义上是两个独立法人机构，实际运行中企业基金会与企业的市场营销部门、政府关系部门或社会责任部门混为一谈，基金会只是企业的捐赠通道。

问：企业的商业向善越来越成为一个崭新的趋势，在中国式现代化中，我们将会发展出怎样与过去不同的商业伦理与价值？企业在中国式现代化中处于怎样的位置，发挥怎样的功能？

傅：我认为专业慈善和商业向善应当分开来看。商业向善的主体是企业，企业愿意进化成一个向善的主体，承担新型的企业社会责任。比如，美国的共益实验室（B Lab）提出了一套评测体系，关注员工、社区、环境、治理和客户五个指标，引导实现可持续的商业向善。

在中国式现代化进程中，我们能否发展出与过去截然不同的商业伦理，这也是我一直在思考的问题。基于中国创造人类文明新形态、实现共同富裕的目标指向，企业首先是一个市场经济组织，但要符合社会主义国家的共同富裕防线，或许，中国的企业可以定义为有政治使命的经济组织。

近年来，中央明确提出要给资本装“红绿灯”，但是，“亮红灯”或“开绿灯”的规则是什么，这在全球范围内尚未有完善的方案。若要探索出做大又分好蛋糕的模式，共同富裕和商业向善将作为最重要的底层逻辑。

企业在中国式现代化中仍然处于基础位置，发挥基础作用。在政府、社会与市场三者的关系中，市场在资源配置中起决定性作用，无论如何发展，只要我们坚持社会主义市场经济的道路，企业和资本仍然起基础性的配置作用。公益与社会创新的资源，从根本上来说还是源自企业的财富创造，因此，企业是市场经济的主体，也是中国式现代化社会创新的基础。

问：从全球来看，社会创新越来越凸显其重要性，中国式现代化的社会创新力量应有怎样的角色以及贡献？面向未来，中国社会创新将会有哪些发展趋势？

傅：社会创新是政府、企业、社会为促进人类社会和谐进步而实施的跨界革新和协同合作，其主要推动者和参与者是非政府组织，包括各类企业、基金会、科研机构、社会服务机构，以及各类合作社、互助组织、商会、行业协会等。

探讨未来中国的社会创新将会发展出哪些趋势，我们可以从三个主体上分析。

首先，是政府端的社会创新。社会创新的本质是多元主体的跨界革新。人类文明新形态中，为让非政府力量参与解决紧迫的社会问题，政府应该提供更加开放、更为便捷的社会政策，同时负责保障兜底的基本公共服务。

其次，是以企业为主体的社会创新。我非常喜欢共益实验室的口号，即把商业作为向善的力量。能把商业的逻辑扭转成防止社会分化、贫富差距、地球暖化、环境恶化的力量，这是非常了不起的。我们也可以探索中国的各类企业，包括国有企业、民营企业推动社会创新、促进共同富裕的多种可能性。在北京、成都等地，我们正在探索成立以社区资源为依托，以实现社区公共利益为目标的社会企业。或可借鉴韩国政府出台《社会企业育成法》，设立社会企业振兴院的做法，加强对中国特色社会企业的认证、扶持和培育。

最后，社会组织是社会创新的先锋队和生力军。基金会、社会团体和社会服务机构，都是基于社会目的成立的非营利法人机构，其重要功能是通过提供资金、物资和服务辅助政府解决应急处置和社会保障等方面的紧迫问题。在中国式现代化建设的新征程上，社会组织更为重要的使命是开展社会试验，探索如何通过跨界合作、流程再造等新方法、新手段解决社会问题，实现全过程人民民主，在党和政府的引领下构筑社会治理共同体。

社会创新教育有助于新商业文明探索

问：长江商学院一直是公益与社会创新教育及实践的推动者，您认为商学院的教育创新对中国式现代化与社会创新会有哪些助力？

傅：我很早就关注到了长江商学院。《未来好企业》出版时，我与朱睿教授一同参加过分享活动。在公益与社会创新领域，长江商学院不断探索与创新，是社会创新教育的实践者、先行者。

如今，社会、学者广泛探讨的，是把蛋糕做大之后如何分好蛋糕，有政治使命的市场主体该如何发展。想要解决这些问题，探索新商业模式非常重要。

企业靠自身的力量很难实现大规模的社会创新，这时就需要与社会组织跨界合作，为其提供各种资源，多方形成合力，共同达成某一社会问题的解决方案。长江商学院的商学教育改革，让更多企业有合作、对接的方向。有越来越多的商学院加入社会创新大本营，这是非常好的社会现象。

问：伴随更多商学院支持公益与社会创新教育，商学院将会给公益与社会创新发展带来哪些可能性？

傅：在商业领域，我们应该探索出一套新型评价体系、规则模式，比如影响力投资，以及哈佛商学院探索出的“影响加权账户计划”（Impact-Weighted Accounts Initiative）等。除了经济表现，环境成本、社会责任等因素也要成为企业的评价指标。如果商学院可以探索出人类文明新形态下企业的评价标准，并应用于商学教育，这会是很有价值的工作。

此外，社会组织的效率问题长期受人质疑，“自嗨式”“拍照式”公益尚难杜绝。如何改进社会组织的治理机制，提升社会组织的行动效率，商学院的社会创新教育也可以为公益行业提供重要启示。

撰文：张琢

王汝鹏

中国式公益和社会创新是推动社会发展的基本动力之一

中国式现代化的公益和社会创新，在兼收并蓄的发展中正快速成体系。特别是在包含了共同富裕、第三次分配在内的中国式现代化新内涵中，公益道路与公益力量的重要性格外突出。

红十字国际学院院长王汝鹏长期在红十字会系统担任领导职务，对于这一新的重大议题，他从红十字会参与第三次分配、助力乡村振兴等公益实践出发，得到这样一些启发和认识：发挥第三次分配作用，要消除第三次分配仅仅是富人和企业责任的传统意识。其实，人人都是第三次分配的主体，应努力形成社会不同主体以各种形式积极参与第三次分配的社会局面，构建多元主体参与第三次分配的常态化机制。同时，参与第三次分配、助力乡村振兴、促进共同富裕，必须广泛动员公益资源，增强分配实力，提高服务能力。

此外，对于中央强调的发挥第三次分配的作用，“鼓励高收入人群和企业更多回报社会”，王汝鹏院长认为，这并不是要对高收入者进行“均贫富”，而是要在全社会强调共同富裕的意识和社会公正的价值观，激励人们自愿捐助、回馈社会，促进全体人民共同富裕。

围绕中国式现代化的公益和社会创新道路，我们对王汝鹏院长做了访谈。

公益和社会创新可成为政府的助手和支持力量

问：在解决社会问题的功能上，中国公益与社会创新体现了怎样的价值？在这个过程中您感受最深的变化是什么？

王：公益事业是中国优良文化道德传统的延续，其本质是公众利益，是社会福祉的再分配，所以公益和社会创新所蕴含的社会价值与行政价值、市场价值一样，是国家共同体不可或缺的价值基础。

随着近年来社会化公益、互联网公益的蓬勃发展，我们看到公益重新定义了每个社会个体生命的意义，也重新定义了市场主体的使命。每个自然人和企业都可以成为公益活动家，通过社会创新参与社会治理，践行社会责任，推进公序良俗。

问：在社会问题的解决与政府政策的完善之间，公益与社会创新可以扮演怎样的角色？

王：社会问题全面、有效解决的机制是政府、市场、社会组织和广大公众之间的协同治理。一方面，社会是社会问题产生，堆积，消减的本源，而公益和社会创新是解决社会问题的源头之水。如果不能形成基于市民社会的公益机制和社会创新动力，那么政府政策的引领性干预也将失去目标，甚至难以发挥效果。另一方面，政府在出台解决社会问题的相关政策之前，往往要进行试点探索以完善改革举措，或者是在政策出台之后需要打通落地执行的“最后一公里”。因此，公益和社会创新都可以成为政府在各自领域的助手和支持力量，提升政府效能和政策效果。

问：与之前相比，当前公益与社会创新领域的挑战与问题有哪些？下一步该如何解决？

王：尽管我国的人道公益事业和社会创新取得了长足发展，但依然弱小，甚至在平常还不太受人关注。当前面临最主要的挑战是人道公益事业的发展在总体上处于从属地位，一定程度上还依附于政府政策和市场偏好。所以应当加快发展社会组织，不断增强社会部门力量，为公益发展和社会创新提供必要的组织依托，进而拓宽和加强政府、市场和社会部门的协同。而这背后又离不开人道公益人才的培养，我们需要建立和丰富人道公益人才的职业序列和岗位规范，以全面促进应急、医疗、教育、扶贫、“一老一小”、环境等领域的人道公益事业发展。

为中华民族伟大复兴提供道德、智力和服务支撑

问：党的二十大报告提出了中国式现代化的奋进方向，您认为公益与社会创新在中国式现代化中有哪些特殊作用与贡献？

王：中国式现代化提出了九个方面的本质要求，公益力量在助力发展全过程人民民主、丰富人民精神世界、促进全体人民共同富裕、促进人与自然和谐共生等方面有着大量的实践形态。可以说，公益和社会创新本身就是中国式现代化不可或缺的内涵。在实现中国式现代化的过程中，公益和社会创新扮演着探索社会问题的解决方案、培育中国人的现代道德和文明的重要角色。

问：中国式现代化的道路对中国公益提出了怎样的道路方向？

王：发展中国的人道公益事业必须坚持中国共产党的领导，必须以习近平新时代中国特色社会主义思想为指导，走出一条中国式的公益和社会创新之路。中国公益要面向全社会，覆盖最广大的人群，为中华民族的伟大复兴提供道德、智力和服务支撑；要面向社会脆弱群体、最易受损群体提供人道公益服务，帮助补齐社会发展的短板，尤其要惠及中低收入者；要为推动“一带一路”倡议、人类命运共同体建设做出中国公益人应有的贡献。

问：我们知道，过去我们一直在向全球学习公益的理念与方法论。中国公益与社会创新在学习全球经验后，需要构建怎样的本土化或者中国化体系？

王：中国是一个有着悠久慈善传统的国家，慈善思想与慈善活动源远流长。现代公益本身是社会制度、文化文明的产物，可以说，在这个从传统走向现代的继往开来的过程中，我们有着自己的公益传统和社会创新路径。

中国式公益和社会创新体系的构建要遵循我国的国体和政体，将人道事业和公益慈善事业的发展作为国家治理体系和治理能力现代化的必要构成。构建党政引导、社会协同、人人参与的格局，并学习借鉴全球经验，包括他们的理念、方法和技术经验。

问：构建中国式的公益与社会创新体系，已经具备了哪些条件或基础？

王：我国实现了全面建成小康社会的目标，并进入了以中国式现代化全面推进中华民族伟大复兴的新征程，这为中国式公益和社会创新体系的构建提供了广阔的发展空间。我们看到群团改革取得了积极成效，社会组织数量快速增长并逐渐形成规模，这为中国式公益和社会创新体系的建立和完善提供了行动主体条件；政府购买公共服务支持社会组织承接政府职能，企业捐赠和公众捐赠踊跃，这为中国式公益和社会创新提供了物质条件；一批人道公益慈善科研院所的成立和人才培养，为中国式公益和社会创新提供了智力资源、科研支持和人才储备。

全球商业实践正处重大范式转换的重要时刻

问：除了公益组织，在企业中，以商业向善为代表的社会创新也

开始越来越多，您怎么看这一发展趋势？企业在中国式现代化中处于怎样的位置，发挥什么功能？

王：“义利兼顾”是我国商号自古以来的传统，当前，企业捐赠和商业向善也依然是我国公益和社会创新的主导力量之一。企业是经济价值的主要创造者，是中国式现代化的经济基础，一般年景，企业捐赠大约占社会捐赠总额的60%以上。从CSR（企业社会责任）到ESG，一个不变的目标就是积极履行社会责任，推动社会的可持续发展。

问：以长江商学院为代表的商学院，不仅教授商业管理知识，也在推动公益教育、社会创新教育。这对中国式现代化与社会创新会有哪些帮助？

王：全球商业实践正处于重大范式转换的重要时刻，商业主要以市场原则促进人类福祉，但市场不是万能的，需要借鉴公益和社会创新体系才能更加全面地解决社会问题。因此，在全球商业向善的思潮中，企业越来越注重产品和服务的社会价值。这正是为什么有一种观点认为商业是最大的公益，没有公益也就无所谓商业。人们越来越强烈地认识到，公益与商业是不可分割的人类发展机制的组成部分。

以长江商学院为代表的一批商学院推动公益和社会创新教育，将更好地引导商业和公益的协同发展，引领新商业文明，推动经济与社会和谐发展，从而助力中国式现代化事业。

问：面向未来，中国式现代化的公益与社会创新的本土化有哪些可能的前瞻方向？

王：中国式公益和社会创新一直是推动中国社会发展的基本动力机制，中国式现代化的公益与社会创新的本土化要坚持把实现人民对美好生活的向往作为现代化建设的出发点和落脚点。其中，促进脆弱群体全面发展是中国式公益和社会创新的基本命题，也是工作重点；参与推动共同富裕，是中国式公益和社会创新的理论和实践前沿，也是工作难点。

撰文：宋厚亮

杨团

中国式现代化公益必须抓住中国文化的本源

中国式现代化提出以来，已经成为国内外备受关注的热门话题之一。它打破了“现代化 = 西方化”的迷思，创造了人类文明新形态，在新时代向世界提供了一种新的发展模式。中国式现代化强调创新驱动和高质量发展，不仅要追求物质上的富强和生产力的提高，更要注重人民群众的精神文化需求和全面发展。

公益是重要的精神文化活动。谈及中国式现代化的公益，中国社会科学院社会学研究所研究员、社会政策研究中心顾问杨团感慨万分。这些年，我们企业全盘照搬西方的社会企业概念，而杨团早在20多年前就从资料中发现，中国其实是社会企业的鼻祖。她认为，中西方的慈善理念具有很大差异，中国的传统慈善注重慈善伦理，而我们这些年忙着做筹款、建组织，却对精神伦理层面的问题比较忽视。

“构建慈善中国学”是杨团目前思考的主要方向。她认为，中国具有独特的“基体”，中国慈善是这个“基体”的产物之一。历经 40 多年的发展，中国公益与社会创新在学习全球经验后，需要构建怎样的本土化或者中国化体系？中国公益与社会创新本土化的重点领域包括哪些？公益与社会创新在中国式现代化中有哪些特殊作用与贡献？在我们的访谈中，杨团对上述问题做出了深度阐释。

构建慈善中国学

问：近 10 多年来，中国公益与社会创新发生了规模化、多样化的变化，在这个过程中您感受最深的变化是什么？

杨：近十几年来，具体说是十三四年以来，中国公益的主体结构发生着显著转变。正是主体结构的改变促成其他方方面面的变化，让多样化、规模化成了气候。

十几年前，中国公益的主体比较单一。重磅的公益组织都是从国家体制内生长出来的，主要是“国字头”基金会，比如中国儿童少年基金会、中国扶贫基金会、中国人口福利基金会等等。另一批虽然不是“国字头”，但依然由国家部门统一管理。如今，尽管以政府为主导的公益组织依然发挥着重要价值，但一大批民间力量涌现出来，它们的规模大小不等，但总体能量已经超过了“国字头”基金会或者与体制有重大关联的公益组织，促使今天的公益呈现多元化格局。第一个重大的结构性变化是民办非企业单位（以下简称“民非”），今天叫作社会服务机构。虽然“民办非企业单位”的概念大约在 1999 年被提出，但大规模发展是在近 10 多年间。它们与基金会和社团不同，一登上社会舞台就是独立的民间机构身份。2008 年，全国共有 17.8 万家民非机构，2022 年 3 季度末达到 51.5 万家，增长了 2 倍。现在，民非机构是三类社会组织中总量最大的。

结构上的第二个变化是基金会的队伍壮大。无论在当时还是现在，民非机构面临的最大困境，就是作为服务组织自己没钱，但是筹来的钱还得缴税。为解决这个问题，这些民非机构就自己想办法，凑齐登记基金会的准入门槛 200 万元，以基金会的方式，让自己的筹款得以免税。这种以基金会方式做服务型民非的做法大约在 10 年前就开始了，今天 9000 多家基金会当中，差不多有一半都是这类注册 200 万的服务类基金会。可以说，这种无心插柳促成了基金会队伍的壮大。2008 年底，全国基金会只有 1390 家，2022 年 3 季度末达到 9206 家，成倍增长。

基金会其实可以分为公共的和私人的两类。家族基金会作为私人基金会里的重磅力量，这 10 多年从无到有地发展起来，成为民间公益的重要力量。譬如，曹德旺创办的河仁慈善基金会。高校基金会在 2004 年到 2010 年也进入了高速发展期。总之，中国公益已经形成了多元化的主体结构，而筹款形式多样化、筹款规模的快速增长都离不开主体结构的变化。

问：与之前相比，当前公益与社会创新领域的挑战与问题有哪些？

杨：当前公益与社会创新领域的问题实在太多了。问题的根源在于，在过去的十几年间，中国公益的发展十分迅猛，越来越多的个人、机构参与到公益行列，林子大了，什么鸟都来了，产生各种问题是必然的，属于常态。问题在于我们的认知、研究和找到解决办法的速度远跟不上迅猛发展的实践。

第一个问题，我们连基金会到底该如何分类这种最基本的问题都搞不清楚。过去，我们按照公募与非公募来区分基金会，但现在所有的慈善机构都可以通过申请获得公募权，公募权已经不再是基金会的特权了。此外，在人们的认知中，基金会就该有钱，不应该出去筹款，但其实，中国没钱的民非基金会就占了一半甚至一半还多。还有，基金会行业内部已经衍生出了各种不同的结构与主体，包括联盟这类新主体，这又该如何区分、统一管理呢？类似这样的问题已经存在了若干年，早就不是新问题，但我们的研究完全跟不上，这导致人们的认知至今还很混沌。

第二个问题，是慈善组织和政府的关系问题。过去，我们一直强调政府应该为公益组织放权让利，政府干预是公益发展的一大障碍。但当公益真正发展起来了，我们却需要从为公益主体扫清发展障碍的监督视角去考虑政府与公益的关系。前几年，以轻松筹为代表的互联网服务型公益迅猛崛起。根据调查，2015 年至今，通过轻松筹等大病众筹平台为网络个人求助筹集的大病救助资金近 1000 亿元。这 1000 亿元说明什么？民间有着巨大的可投入公益慈善的资金资源。但如果政府不去监督，这么大的林子，骗捐的鸟一定会出现。

第三个问题，也是由轻松筹为代表的互联网服务型公益引发的。很多人认为，公益审查要件是为非特定的人群服务。所以，最佳的公益模式是筹款方支持社会服务项目执行方，共同为非特定的大多数人服务，由此形成公益产业链。但是轻松筹就打破了原有的模式，通过平台直接向公众筹钱，直接交到受助人手上，等于直通车。中间环节没有了，手续简便了，方式简单了，但是捐款人如何了解信息的真假、捐款的走向？这类机构给自己留下的管理费是否成了变相的盈利款？这些问题如何合理解决？公益行业和政府应该发挥什么作用？这确实是当今公益慈善发展的重要挑战。

最后一个问题，在于政府部门对善款使用走向的引导。如今，我们不缺乏像曹德旺这样的大企业家，他们捐赠几个亿建设大城市的学校、医院，拿出两个亿直接发给农村的贫困户。当然，企业家可以按照自己的意愿做慈善，去决策善款的使用，但我们能不能引导他们支持全党、全国、全社会都在努力的领域？比如在乡村振兴领域，就可以做点更加具体、实际、有效的工作。在我看来，乡村振兴是解决未来几十年中国城乡平衡、有效发展的重大问题。与城市相比，现在的乡村就是个大洼地，大约5亿人口在乡村，中国越发展，城乡差距越大，整个社会怎么能稳定呢？从现在到未来的很长一段时期内，帮助农村就是在帮助城市，帮助农民就是在帮助我们自己。目前很多人对乡村振兴的认知还比较肤浅，没能把它视为中国今后几十年最大的公益来做。

问：针对当前公益与社会创新领域的挑战与问题，下一步该如何解决？

杨：实践中确实产生了很多新的问题，而解决问题的路子肯定是循序渐进的，不能一蹴而就。我们要从原理、根源上认真厘清公益慈善的中国方式，寻找最适用的政策方案，以不断试错的方法，找到合适的路。

我曾经在多年前提出过从原理出发，构建“慈善中国学”的主张。我认为，中国慈善源于中国历史深处，慈善政策来源于判断，我们按照固有的、基本上是从西方学来的思想理论框架去判断慈善行为是否正确，就会发现很多事情解释不通。一般而言，公益必须通过公益慈善组织来完成大规模服务，但中国的传统并非如此。如果一个人过世了，乡里觉得孤儿寡母可怜，就会伸出援手，直接救助。直到现在，我们身边还经常发生这样的事情，大家自发为亲朋好友捐款。这些行动并没有经过正式组织，属于非正式的个人行为或群体行为，这算不算做了公益？按照公益审查要件，给特定人的捐款不算公益，但不能不将其归入慈善的范畴，因为它源于人本身的善心。

首先，从中国慈善原理的角度出发，我们不能把很多事情固化。比如乡村振兴，它既需要政府、企业、社会组织的大规模参与，也需要村庄自主行动，二者缺一不可，要以一定的机制紧密连接、融会贯通，这才能构成新时代的中国公益。

其次，我们的政策、法律要紧跟着实践走，而不是实践追着固化的法律要求机械执行。比如我刚讲到的轻松筹问题，正在修改中的慈善法已经根据实践提出了新政策，一是把互联网平台分为信息类平台及服务类平台，轻松筹属于服务类平台。二是关于个人求助要出台新的规定。这些已经写进慈善法修订草案中，要把个人求助导致的负面影响降到最低，防止诈骗的发生。

再次，对公益的基础概念，我们要加快研究的步子，解决当前认知混沌的诸多问题。政策和法律是人研究出来的，如果连人的基础认知都存在混沌现象，那政策和法律是解决不了问题的。比如我们刚刚提到，在基金会当中，一大半都是没钱的，如果你要去普遍号召基金会该如何发展壮大，如何拿钱出来支持服务组织，可是一半的基金会根本就没有钱，你的号召有用吗？所以必须对基金会的内部结构做仔细研究。公益慈善的问题绝不简单，涉面广泛，十分复杂，和国家的财政收入政策紧密相连。第三次分配如果和第一、二次完全切割，就意味着在免税收入当中，企业家要自愿拿钱出来做公益。这种情况有没有呢？有，但是几乎所有国家都用捐款可减免税的方式鼓励捐赠，如果不和第一、二次分配挂钩，反而会降低公众，尤其是第三次分配主体指向的企业家们的捐款欲望。所以，基础性的问题一定要搞清楚。

最后，在处理国家政府与公益的关系时，公益组织一定要有天下兴亡、匹夫有责的大情怀、大格局。我们正处在十分复杂的全球局势当中，中国必须独立自主，从中央到普通百姓，拿出我们的精气神。我们公益慈善组织的从业者是最敏感又最勇敢的一群人，要既能站在高处看全局，又能脚踏实地做实际工作。所以，要纠正一些组织眼光狭窄、只顾眼前，看不到全局和未来的偏向。

如今，我深刻察觉到，乡村振兴就是中国大公益，它将国家公益、社会公益、民间公益紧密相连。新形势下，公益组织不能只顾着自己的领域，还要看到国家已经为乡村振兴倾注了最大的努力。现在要讲政社协同，做好政社协同。

中国是社会企业的鼻祖

问：党的二十大报告提出了中国式现代化的奋进方向，您认为公益与社会创新在中国式现代化中有哪些特殊作用与贡献？

杨：我曾提出过一个概念，叫“大公益”，它既囊括了社会公益，又包含国家公益。你问到的“公益与社会创新”，它指的是社会的、民间的公益。在我看来，民间公益要梳理清楚国家的公益大事，将民间与国家相结合，再把民间的优势发挥到极致。民间最重要的优势主要包括两个方面。

一方面，公益组织要在具体的岗位上，透过可操作化的微观实践去思考，努力让微观与中观、宏观体系相结合。每一个公益组织都要充分发挥创造性，比如轻松筹，它们通过创新互联网平台创造出了1000亿的公益价值。腾讯公益推出的“99公益日”也是重要的创新。

另一方面，公益组织要善于总结，精炼推广基层的优秀经验。作为中坚力量，公益组织一头连接着基层实践中的个体与集体，另一头连接着政府部门。公益组织要特别关注城市、乡村的领军人物。譬如，在乡村，不乏一批组织带头人，他们带领农村集体奋斗，创造社会价值。作为公益组织，我们要敏感地发现这群领头人并勇敢地支持他们，把本土的优秀人物组织起来，提炼他们的经验，上升推广。

虽然政府是高层决策者，但很难像公益组织一样，在基层深耕，长期与一线实践紧密相连。如今，政府官员很重视一线实践者的经验反馈，经常召集基层组织开会，讨论具体的问题该如何解决。在 2005 年，我发起的“农禾之家”就曾经组织过一个“农禾之家”研究组，我们经常调研、讨论农村问题，整个研究组由 30 多个重视一线实践的跨界专家构成，已经办了很多年了。

问：中国式现代化道路对中国公益提出了怎样的道路方向？历经 40 年的发展，中国公益与社会创新在学习全球经验后，需要构建怎样的本土化或者中国化体系？

杨：这是一个很深奥的、带有学理性的问题。社会企业的概念来自西方，这些年我们全盘照搬照抄，按照西方的思路形成手段工具，做社会企业评估。但是20多年前，我从资料中发现，中国其实是社会企业的鼻祖，中西方的慈善理念具有很大差异。中国式现代化的公益慈善必须抓住中国文化的本源，从历史文化深处去挖掘我们的根，构建“慈善中国学”。

大家知道南通的张謇，四川的卢作孚。在清代，有一个名不见经传的四川举人，这个人被乡里推举主事当地慈善，要养活孤老和孤儿。用什么方式筹集资源呢？大家先凑了一笔银子，他就拿银子买了地，把地分给佃户去种，收了地租后再养老人小孩。民国初年，企业兴起，他就用一部分地租投股建火柴厂，火柴厂的利润也用来养老人小孩。这样一直持续到抗战前夕，日本人快要打进来了，这个慈善事业的常规可能要被打破了，怎么办？这个前清举人就到各个佃户家里磕头说，这个地我不要了，送给你，但要接受我的一个条件，就是我把老人小孩送到你家，你负责养老送终和养育孤儿长大成人。佃户全都欣然接受了。这就是中国慈善的做法和传统。

中国传统文化中，还有一个观念叫“救急不救穷”。中国传统对灾害特别重视，一有灾害发生，大家就赶紧去救灾。但是如果你不劳动、不干活，我是不会救济的。甚至在当今社会，最低生活保障落实到农村时就会遇到这种问题。根本就不干活的人，在农村被叫作“二流子”，农民说，凭什么给他那么多救助？村长、书记、老百姓都不同意。最近热播的电视剧《县委大院》里就有这样的例子。中国传统慈善文化讲“恻隐之心”，是你的困难打动了我的心，人心都是肉长的，不帮你一把，我心里过不去。但是我绝不帮助懒惰的人，不帮“二流子”。这和西方很不一样。

中国的传统慈善很注重慈善伦理，这与儒释道三家汇合的中国文化基因关系重大。而我们这些年忙着做筹款、建组织，却对精神伦理层面的问题比较忽视。中国的“公”并非是脱离“私”的独立的“公”，而是“私”与“私”连带而成的“公”。这和西方“公”与“私”相对立的情形完全不同。中国的“公”和公益要比西方更包容，更广大，更与“私”连接。这是由中国文化的基因和国体的基质决定的。清代著名学者黄宗羲曾说“万民之私”，意思是皇帝不能一人专私，得万民之私，万民之私就是公。

日本学者沟口雄三有一本书叫《作为方法的中国》。其中说中国和亚洲其他地区与西方文明不是一体的，世界不是只有西方这个唯一的文明和唯一的普世价值。要提炼不同于西方文明的亚洲文明，就必须找到一种研究方法，沟口认为以中国作为方法来研究亚洲是最合适的，因为中国的历史和文化最长久和完整，并且发散到亚洲各国包括日本。他的这个思想是很有道理的，中国有着独特的“基体”，和亚洲其他国家不同，但又存在关联，要想走中国式现代化的路，我们要建构“慈善中国学”，建立原创的慈善概念。

问：构建中国式的公益与社会创新体系，我们已经具备了哪些条件或基础?

杨：一是刚才提到的，我们已经形成了多元主体参与的公益格局，包括民间社会服务机构、家族基金会、个人基金会等。二是多元化的创新方式层出不穷，像腾讯公益的“99公益日”、阿里巴巴公益等。三是政府的政策也比过去开放多了，不断鼓励社会创新，也鼓励公益创新，促成社会创新实践大量涌现。想让中国式的创新逐渐走向秩序，还需要一定的过程，这需要时间的沉淀和社会多方主体的共同努力。

探索公益前瞻性需找到中国式现代化的根

问：中国公益与社会创新本土化的重点领域包括哪些？

杨：第一个是乡村振兴领域。世界上没有任何一个国家像中国一样，拥有如此大规模的农业人口，具有数千年的农耕文化基础。我们不仅是世界人口的第一，也是农业人口的第一。建设农村、创新发展农村将成为未来几十年不变的重点领域。但很可惜，我们大多数公益组织都在城市，认知也比较浅薄，没有意识到乡村的发展趋势，没有下定决心把重点放到乡村振兴中去。

第二个重点领域是人才。乡村振兴囊括的地域非常辽阔，涉猎的领域也非常广。在中国的版图上，县以下都是农村，农村的土地要远大于城市。乡村振兴又包含产业振兴、人才振兴、文化振兴、生态振兴、组织振兴五个方面。公益组织做些什么才能将其价值发挥到最大化？我认为是人才振兴与组织振兴。组织指的是农村的集体经济组织、合作社组织、各种社会组织。在组织中，你得有领军人，有执行人，有人才才能形成组织的力量，所以，人才振兴是非常重要和关键的领域。人才振兴不仅发生在乡村，城市也需要人才，包括我们的高校、城市社区，都需要培育人才。

第三个重点领域是社区。我刚才提到的乡村振兴、人才与社区是互嵌的关系。我们既有城市原住民的社区、农村原住民的社区，也有城乡混合的社区、多种人口主体混合的社区。社区的边界也是流动的，有些村庄从农村变为城市，那么农村社区也就变成了城中村社区。也有农村人口跑到城市，形成了混合社区。

社区的性质不同，机遇与挑战也各不相同。在创新领域，城乡结合的社区、多种主体混合的社区将拥有更多机会。最近，我到上海出差，看到闵行区的华漕镇有一个国际开放社区，十分有趣。它附近有十几所国际学校，大概有 8000 多名外国人士住在社区里。这个社区创办了一个创新型的社区发展促进会，协会里有居委会的人，有国际开放社区的人，也有公司的人。一位 39 岁的女企业家陈星言当选成为协会的会长。她志愿管理社区的各类工作，用各种创新手段促进多元人群的和谐安宁。

问：面向未来，中国式现代化的公益与社会创新的本土化有哪些可能的前瞻方向？

杨：中国现代的公益慈善起源于1978年，如今已经走过45年的历程，实践内容已经非常丰富了，也积累了不少成果。在我看来，我们并没有很好地理清公益与本土化创新的实践方向，想要探索公益的前瞻性需要很好的研究基础。因此，我们要重视基础研究，找到中国式现代化的根，将中国式现代化的思想应用到公益慈善领域。但目前的社科学术领域存在诸多问题，导致大家都不注重基础研究，也鲜见前瞻性的研究。

对于未来的方向，我希望公益慈善可以和企业、政府相结合，把重点放到乡村领域。企业负责农产品的经营、技术、销售。公益组织可以发挥自己的长处，把农村有思想、有抱负的带头人特别是比较年轻的人聚集起来，成立各种带有集体性（公共性）的农民合作组织，其中也包括公司。政府把控农村的整体发展方向。第一、二、三部门合作，三者缺一不可，相互关联与支持，形成可持续的关系，不断开拓与创新，一直努力下去，就可大大增加未来向好发展的可能性。

中国企业要从传统中汲取文化精髓

问：除了公益组织，在企业，以商业向善为代表的社会创新也开始越来越多，您怎么看这一发展趋势？

杨：过去的企业大多以盈利为目的，这个特征非常显著，尤其是西方国家，全球500强企业以盈利作为计算的指标。改革开放之后，中国的企业也是照搬西方的经营理念。但从根源上来说，中国企业讲究的是诚信为本，中国企业的儒家传统根基十分深厚。比如电视剧《大宅门》里，他们的银票铺子是怎么起来的？他要把人与人之间的伦理关系安顿好，光想个人获利，事业是做不大的。但慢慢地，我们很多企业就把慈善传统抛掉了。

如今，企业的商业向善是世界潮流，中国的企业也要跟上这股潮流，重视企业社会责任，包括对生态以及对员工的责任。在国际上，早在几十年前就开始把员工的利益放在重要位置，也已经形成了激烈的企业竞争，如果企业不注重员工的利益，那么最终也将自身难保。实际上，企业给员工、社会、消费者让利，这是一种意识形态。中国的企业发展较晚，无论是国企还是民企都要跟上商业向善的潮流。同时，我们的企业也要从传统文化中汲取优秀文化。目前，我们有一些企业，从传统文化中汲取了非常好的理念，并应用到企业文化之中，这个方向是很对的。

商业向善的最终目的是要规划好企业和社会组织的边界。由于疫情，很多小型的 NGO（非政府组织）都成了空壳组织，“倒闭”了。社会组织的生存相当艰难，它们在发展中应该走出一条怎样的道路？光是筹款吗？它们是不是也可以做经营，尝试公益 + 商业的社会创新？我并不认同“公益组织不能做经营”，我们应该给予它们足够的空间，让它们去探索，组织的形式并不重要，重要的是组织怎么发展得更好。如果公益组织既能对社会有益，又能把自己养起来，我们为什么不去支持？

问：企业在中国式现代化中是怎样的位置，发挥什么功能？

杨：企业在中国式现代化中是顶梁柱的支撑作用。这里的企业不仅是国企，还有民企；不光是城市的企业，更重要的是农村集体经济创办的农村企业。农村的集体企业非常重要，它们可以和社会合作，和城乡的企业合作。企业的重要价值就在于，它为社会创造财富的同时，还解决了社会就业问题。用创造财富的方式做经营，给社会减轻了不小的负担，这也是中国传统的勤劳致富美德。

中国的商学院要拿出中国气派

问：以长江商学院为代表的商学院，不仅教授商业管理知识，也在推动公益教育、社会创新教育，这对中国式现代化与社会创新会有哪些帮助？

杨：我希望我们的商学院不要只向国际商学院看齐，更要拿出足够的中国底蕴、中国气派与中国精神。我们不光要研究“慈善中国学”，还要探讨中国经济到底该怎么走，中国经济如何从我们的传统文化中汲取精神营养，获得前进方向。如果长江商学院可以在商业、公益、商业与公益融合的社会创新中走出中国商学院自己的路，那它就是真正助力中国式现代化与社会创新了。

撰文：张琢

第三章

中国式现代化社会创新的商业力量

| 蒋锡培

企业的终极目标应该是成为社会企业

蒋锡培，长江商学院CEO首期学员，第八届长江公益奖“年度公益影响力人物”获得者，远东控股集团创始人、董事局主席，中国企业联合会、中国企业家协会副会长，远东慈善基金会名誉理事长。

做企业本身就是一件公益事业

问：党的二十大报告提出了中国式现代化，您认为民营企业可以为此做出哪些贡献？

蒋：当下党中央，特别是总书记高度重视“两个毫不动摇”，高度重视公平公正发展民营经济，从政策和舆论上鼓励、支持民营经济和民营企业发展壮大，依法保护民营企业产权和企业家权益。这为民营经济的未来发展注入了强大活力，给予了民营企业和民营企业家巨大的信心。

中国式现代化是全体人民共同富裕的现代化，无论是国有企业还是民营企业，都是促进中国式现代化的重要力量。民营经济就是市场经济，就是民生经济，在实现高质量可持续发展、碳达峰、碳中和、共同富裕等方面，民营企业大有可为。

问：远东控股集团（以下简称“远东”）在技术创新、提供就业、环境保护等方面有哪些值得总结的贡献？

蒋：科技是第一生产力，远东38年发展历程中，科技创新始终贯穿其中，拥有博士后科研工作站、院士专家工作站、江苏省企业研究生工作站、国家级企业技术中心等科研团队，不断加大研发投入，实现了多项技术突破，荣获国家科学技术进步奖二等奖、全国质量奖等多项国家级荣誉。远东还布局智能缆网、智能电池产业，积极响应能源转型、碳达峰、碳中和等国家战略，以共建、共享安全、绿色、美好的生活。

此外，远东还制度化招聘过程中的 7 个优先：有劳动能力的残障人士优先；退伍军人优先；应届毕业生且为中共（预备）党员、主要学生干部的优先；书面承诺生三孩及以上的优先；家庭多子女且无就业的优先；企业属地籍贯的优先；有直系亲属在公司工作满 5 年以上的优先。从而全力推进落实创新招才，合作育才，稳定用才的策略，尊重人、培养人、成就人，稳定就业。

在环境保护方面，远东通过提效降本，让“绿色工厂”成为推动产业发展升级的引擎，并通过搭建节能降耗管理体系、建设系列绿色基础设施、强化产品全生命周期绿色管理、全面实施环境排放管理等方式实现低碳生产。同时，远东还在技术上赋能，瞄准清洁能源产业纵深布局，持续加大在清洁能源、绿色建筑、核级电缆、新能源汽车充电桩电缆等细分领域的研发投入，推动重大项目建设。经过长期实践，远东在节能减排实现绿色制造和赋能清洁能源产业链上全面发力，持续创新推动技术升级，引领行业发展方向，为实现“双碳”目标贡献智慧和力量。

问：在中国式现代化道路上，企业家公益与社会创新也越来越重要，您是怎么看这一问题的？

蒋：创新推动发展，公益展现担当，这离不开企业家的责任感与使命感。

问：远东的使命是“创造价值，服务社会”，这个使命似乎与公益、社会创新价值更一致。您希望企业如何有效做到“创造价值，服务社会”？

蒋：第一，盈利是企业首要的经济责任，企业的存在就是要为社会提供合格的产品并盈利。远东坚持聚焦主业，做强实业，主业方面做到国内、国际并重，软实力、硬实力同步，产品经营、资本经营结合，从而带领企业不断创造价值，产生效益，稳定发展。

第二，在实践中不断巩固企业价值观。坚持以客户为核心，以奋斗贡献者为本，梦想激情、诚信务实、创新创优、自我批判、和灵共赢（以“和”为本，以“灵”为术），以及时、极致的产品和服务为客户、社会解决实质性问题。

第三，企业要以法律为准绳，完成合同义务，带头诚信经营、合法经营。

第四，企业应努力加速产业技术升级和产业结构优化，完善员工福利制度、股权激励计划，增强集聚资源的能力，为员工创造更大福利。

第五，企业应承担公益责任，充分发挥资本优势，发展社会事业，如教育、医疗卫生、社会保障等。不管是初创企业、中小企业还是大企业、特大企业，其终极目标都应该是成为社会企业。

在我看来，做企业本身就是一件公益事业。解决上万人就业、创造税收、承担一定的社会责任、助力慈善教育事业等，这本就是一件不断创造价值、服务社会的公益事业。

精神慈善，心灵塑造

问：您与远东很早便投身公益慈善，并成立了远东慈善基金会，公益承载了您怎样的情怀及梦想？

蒋：这得益于父母的言传身教。“端凳子给别人坐就是给自己坐”“倒茶给别人喝就是倒茶给自己喝”“穷则独善其身，达则兼济天下”等教诲使我希望能帮助更多人，为国家、社会贡献自己的绵薄之力。

成立远东慈善基金会的初心便是如此。基金会倡导“尽心经营慈善事业光荣”的良好社会风尚，凝心聚力，帮助自强不息、怀揣梦想的人们推开创业之门、创新之门、创优之门、创富之门和创福之门。希望远东可以当好行善递爱的传播者，营造公益氛围，发展公益事业，推动社会公益和社会文明的进步与发展。

问：您在弱势群体、教育、文化、环保等方面都有捐赠支持，您最希望改变的社会痛点是什么？

蒋：残障人士作为社会的重要一员，有参与社会生活的愿望和能力，诸多身残志坚者成为了各行业的佼佼者和各岗位的杰出代表。我衷心希望广大残障人朋友能够自尊、自信、自强、自立，用自己的勤劳和智慧创造美好生活。然而客观上，社会对残障人士的支持与友好度还不够，在就业等方面与发达国家仍存在着较大差距。因此，从大的社会环境来讲，我希望社会在市政设施、就业、舆论上都能对残障人士有更多支持。对企业来说，我们应该主动尝试，给残障人士提供更多就业机会、社会资源和心理支持，让残障朋友能积极面对人生，破除心理藩篱，发挥自身优势，实现创业、创新、创优、创富、创福的“五创”梦想。

问：近些年，公益与商业融合，从而更加有效地解决社会问题的模式开始出现，您对此有哪些思考？有哪些尝试？

蒋：远东始终秉持“造血比输血重要”的慈善理念，始终践行“授人以鱼，不如授人以渔”的古话，兢兢业业、真抓实干，尽最大努力为身障人士提供创业创新的新思路，提供创优创富的新方法。远东也是国内首提“精神慈善”理念，首创“心灵塑造”帮扶模式的企业。自2010年起，远东在多地开设残障人士创业帮扶一条街，由远东出店铺租金并统一装修门面，目前已在全国设立316个创业帮扶点，连续三年给予创业资金支持。通过这些方式，远东呼吁全社会关注公益慈善事业。此外，从以前单纯的现金捐赠，到现在的物资捐赠，远东以自己擅长的产品为社会解决燃眉之急，相信这在资源分配上也是最有效的方式。

引导技术和产品放大人性之善

问：商业向善、科技向善被越来越多的企业重视，对此远东有怎样的战略性思考?

蒋： 简而言之，商业向善是指商业企业致力于解决社会和环境问题，开发与主营业务或服务相关联的项目，在取得创新性的社会和环境影响力的同时，为公司创造财务和商业回报。因此我认为，企业家做好企业就是最大的社会贡献。所谓商业向善，不是简单的捐款，而是企业家能够去挖掘、发现商业活动中的公益价值，将其梳理清楚，并在企业战略中加以确认，在业务发展以及资源配置中体现，让企业在实现可持续发展的同时，成为社会进步的重要力量。这一点远东也在不断实践探索。远东多年来一直秉持“创造价值，服务社会”的理念，借助聚焦主业，做强实业的逻辑，不断进行产业升级，优化产业布局，不仅创造了社会经济价值，也为社会提供了上万岗位，可以说在企业发展中做出了“隐形慈善”。

科技向善，顾名思义就是引导技术和产品放大人性之善，实现良性发展。在企业发展中，特别是制造业发展中，技术创新绝对是持续发展的动力所在，如何利用技术为企业、社会创造价值，是我们不断追求的目标。近年来，远东在技术创新上发力，不但持续发力智能赛道，用技术为生产、管理赋能，而且持续引进高精尖设备与高水平人才，让技术优势成为远东可持续发展的核心优势。

问：香港著名企业家、慈善家邵逸夫曾说，企业家的最高境界是慈善家，您怎么理解这一观点？

蒋：以前创业只是为了个人养家糊口，现在则是为了更多的人能养家糊口、安居乐业。企业是一种社会责任，我同意邵逸夫先生的观点。

商业的成功固然让人非常高兴，但真正去参与非常有意义的公益事业，获得的又是一种截然不同的感受。因此，对包括我在内的大部分企业家来说，在完成财富积累的同时，如何创造更大的社会价值，回报社会，获得油然而生的愉悦感，这成为一个重要的追求和探索。

因此，衡量一个企业是否成功，能否长久存在，不仅要看它的经济价值，也要看企业管理者的社会责任感，以及企业能否创造社会价值。

问：作为长江商学院的学员，长江商学院的公益与社会创新教育，以及对校友的倡导，对您有哪些认知和行动上的影响？

蒋：社会创新与公益是长江商学院极为重要的基因。作为非营利性教育机构，长江商学院创办的初心是为中国培养一批具有全球视野与全球资源整合能力、人文关怀与社会担当，并拥抱创新、驱动创新的企业家，为我们的民族复兴做出自己应有的贡献。多年来，长江商学院凝聚、培养了一批具备人文关怀、社会担当的企业家，能够加入其中，交流、学习、反思、共勉，对我来说具有积极、重要的影响。

首先是创新思维与广阔的视野。长江商学院有很多同学，他们在很多领域获得了不菲的成绩，形成了一定的社会影响，他们是一群有梦想、敢创新的人，在他们身上我学到了很多。

其次是知行合一、切实行动的执行力。长江商学院的同学们不仅有广阔的视野和创新的思维，他们还在不断实践，将理想变成现实，为行业、社会发展贡献自己的力量。

最后也是最重要的一点，长江商学院的同学们是某个领域、某个行业的佼佼者，同时也是一群有责任感、有情怀、有社会担当的人。他们在把企业办好的同时还具有公益心，能够力所能及地帮助有需要的人。在商业发展中，社会价值也得到凸显，这是长江商学院教育给我的最大印象。

| 韩丹

社会创新是企业与社会共同成长的机会

韩丹，长江商学院 EMBA31 期学员，第八届长江公益奖“年度公益影响力人物”获得者，佐丹力健康产业集团董事长，第十四届全国政协委员，吉林省第十四届人民代表大会常务委员会委员，吉林省慈善总会副会长，吉林省红十字会副会长。

中国式现代化建设，民营经济不可推卸的时代责任

问：党的二十大报告提出了中国式现代化，在中国式现代化的奋进征程中，您认为民营企业可以为此做出哪些贡献？

韩：习近平总书记在学习贯彻党的二十大精神研讨班开班式上发表重要讲话时强调，中国式现代化是我们党领导全国各族人民在长期探索和实践中历经千辛万苦、付出巨大代价取得的重大成果，我们必须倍加珍惜、始终坚持、不断拓展和深化。民营经济是我国经济制度的内在要素，民营企业和民营企业家是我们自己人，是推进供给侧结构性改革、推动高质量发展、建设现代化经济体系的重要主体，自然也是推进中国式现代化建设的重要力量。

推进中国式现代化建设，是民营经济不可推卸的时代责任。民营经济在活跃市场、改善民生、创造财富、促进创新等方面发挥了不可替代的作用，并成为创业就业的主要领域、技术创新的重要主体、国家税收的重要来源。民营经济在实现高质量发展和全体人民共同富裕等方面也将发挥重要作用。

问：佐丹力健康产业集团（以下简称“佐丹力”）在技术创新、提供就业、环境保护等方面有哪些值得总结的贡献？

韩：技术创新方面：十年磨一剑，佐丹力十年间只做了一件事，围绕大健康杂粮领域不断探索与创新。企业建立了 ISO22000、HACCP以及英国BRC三大食品安全体系认证标准，严把产品生产关；企业专注科技研发与创新，与吉林大学共同建立佐丹力健康食品研发中心，并与国内多家知名食品研发高校、团队合作，共同研发绿色健康的杂粮食品；多年来，企业取得了11项实用新型专利、3 项软件著作权专利、1 项发明专利，并在2021年获批国家高新技术企业、吉林省“专精特新”中小企业。

提供就业方面：佐丹力杂粮粥产品自上市以来，实现产值 60 多亿元，上缴税金 16 亿元，年消耗杂粮 18430 吨，为上下游杂粮产业创造诸多就业机会，带动农户 4500 户，户均增收 5000 元，为国家乡村振兴做出了突出贡献。企业正在建设的佐丹力健康产业园项目是“全国光彩事业重点项目”，曾 3 次列入吉林省政府工作报告，项目采用目前全球领先的数字化智能食品生产设备，生产线物流采用机械手、AGV 小车（无人搬运车）。项目达产后可实现年产 8000 万盒杂粮粥的生产能力，年消耗杂粮 3 万吨，带动农户 10160 户，每户增加收入 5000 元。

环境保护方面：近年来，习近平总书记 5 年内 3 次视察吉林，高度重视吉林省农业农村的发展，总书记强调，像保护大熊猫一样保护耕地。多年来，佐丹力产品一直以“东北黑土地保护利用”为契机，坚持绿色发展，稳步推进产品绿色健康以及黑土地保护工作。保护土地流失也是我集团绿色产品赖以发展的基本条件。《中华人民共和国黑土地保护法》明确黑土地利用范围为“粮食和油料作物、糖料作物、蔬菜等农产品生产”。并规定“黑土层深厚、土壤性状良好的黑土地应当按照规定的标准划入永久基本农田，重点用于粮食生产，实行严格保护，确保数量和质量长期稳定。”轮作能有效降低土地利用强度，又能够增加土地的有机质。但出于经济考虑，各类作物经济效益远不同，农民缺乏轮作的动力。我们企业这种采用159种食材科学配比，混合加工的产品，能极大提升农民轮耕的积极性，真正有效保护东北黑土地，推进乡村绿色发展，打造人与自然和谐共生的发展新格局。

问：在中国式现代化的路上，企业家的公益与社会创新也越来越重要，您是怎么看这一问题的?

韩：在今年3月召开的全国两会期间，我作为全国政协委员有幸面对面听取习近平总书记的重要讲话。总书记强调，党中央始终坚持“两个毫不动摇”“三个没有变”，始终把民营企业和民营企业家当作自己人。要引导民营企业和民营企业家正确理解党中央方针政策，增强信心、轻装上阵、大胆发展，实现民营经济健康发展、高质量发展。

总书记指出，中国式现代化是全体人民共同富裕的现代化。无论是国有企业还是民营企业，都是促进共同富裕的重要力量，都必须担负促进共同富裕的社会责任。民营企业家要增强家国情怀，自觉践行以人民为中心的发展思想，增强先富带后富、促进共同富裕的责任感和使命感。

现场聆听总书记的重要讲话，深刻学习总书记的重要讲话精神，我有三点感受和体会。

一是总书记的重要讲话极大地提振了我们民营经济的发展信心。总书记亲切的话语，句句温暖了我们民营企业家的心。

二是继续做大做强经济实体，走好高质量发展的路子。我们民营企业一定要贯彻落实好总书记讲话精神，承担起振兴经济的时代使命和历史责任。作为农业产业化国家重点龙头企业，我们佐丹力要发挥自身在粮食转化方面的雄厚实力，扩大生产规模，发挥好农产品深加工领域排头兵的作用，坚守主业，做强做大实体经济。

三是增强家国情怀，勇担社会责任。总书记在谈到加强引导民营企业履行社会责任时，提醒我们要做富而有责、富而有义、富而有爱的民营企业，尤其是在共同富裕等方面发挥我们民营经济的重要作用。

谈到企业家的公益与社会创新，我认为社会创新就是用创新的理论、方法、技术、服务来解决社会问题。一家企业所能创造的价值，绝不仅仅是经济价值，还应该包括企业的社会价值，实现市场跟社会的有机融合。社会创新不仅仅是传统的公益慈善，还是企业跟社会共同成长的机会，可持续的社会价值创新是共同富裕时代每一家企业都必须掌握的重要方法论。

问：佐丹力自创办以来，着重在哪些公益领域持续捐赠投入？

韩：自创办企业以来，佐丹力积极参与社会公益和慈善事业，在捐资助学、赈灾救急、乡村振兴、疫情防控等方面为公益慈善事业捐款捐物折合人民币近 1.1 亿元。

乡村振兴战略是党的十九大做出的重大决策部署，是全面建设社会主义现代化国家的重大历史任务，是新时代做好“三农”工作的总抓手。佐丹力将始终围绕乡村振兴加大投入，通过大力发展农业产业化国家重点龙头企业助力乡村产业振兴，为实现共同富裕做出更多企业贡献。

从 0 到 1.1 亿元的初心

问：作为一位企业家，公益承载了您怎样的情怀及梦想？

韩：说到公益承载的情怀和梦想，应该回溯到我早年求学的时光。上高中时，家里因为拿不出 8000 元择校费，我被迫选择辍学，后来通过在药房、药厂勤工俭学，通过自考回到求学之路。那时我就在想，等我有能力了，一定要帮助需要帮助的人。这个想法在我心里深深种下一颗善的种子，它生根，发芽，茁壮成长；这颗种子也正是我多年来坚持把公益慈善从 0 做到近 1.1 亿元的初心。

履行社会职责，始终不忘初心。企业家作为社会的一部分，有责任关注并解决社会问题。我希望通过公益事业，帮助弱势群体，让他们有更多机会和资源来提高生活质量。我相信，通过企业家们的共同努力，我们可以促进社会的共同富裕，让每个人都能在一个公平的环境下发展。

扎根吉林沃土，实现乡村振兴。当下环境保护和资源利用问题已经成为每个企业必须面对的挑战，吉林作为天下粮仓，担负着粮食安全的重任。近年来我将可持续发展理念融入企业经营之中，将佐丹力品牌推向全国市场、世界舞台，透过佐丹力品牌输出更多精深加工的健康农特产品，围绕农业产业龙头以及产业集群振兴乡村，致力于通过公益推动企业和社会共同创造一个更加美好的未来。

问：做公益这些年，您有哪些重要收获？

韩：首先，是付出与回报。在亲自参与公益事业的过程中，我深刻体会到付出与回报之间的关系。虽然公益活动需要我们投入时间、金钱和精力，但看到每一张重拾课本的孩子的笑脸、每一份贫困农民卖出粮食的喜悦、每一个灾情过后重建的家园、每一次抗疫一线人员的坚守，那种喜悦和感动是无法用金钱衡量的。这种回报让我更加坚定地投身于公益事业。

其次，是成长与改变。公益让我认识到每个人都有改变自己和他人生活的力量。在帮助别人的过程中，我自己也获得了成长，视野变得更加宽广，思考问题的方式也更加成熟和全面。

最后，是幸福与荣誉。企业成立至今这10年，佐丹力积极参与社会公益和慈善事业，我个人和集团也获得了诸多荣誉，如"中国好人""全国向上向善好青年""民建中央脱贫攻坚突出贡献奖""民建中央抗击新冠肺炎疫情先进个人""吉林省卓越贡献民营企业家”“吉林好人标兵”“长春好人·最美抗疫模范”，以及中华慈善总会评选的“爱心企业家”、中华思源工程扶贫基金会[1]颁发的“抗击新冠肺炎疫情特别贡献奖”、吉林省民企帮扶脱贫攻坚光彩行动评选的“突出贡献民营企业”等。每一份荣誉背后，都是佐丹力为公益慈善付出的结果，更是国家、社会对佐丹力公益慈善贡献的充分肯定。

问：您和公司在教育、乡村发展、赈灾等方面都有捐赠支持，您最希望改变的社会痛点是什么？

韩：我最希望通过大力发展农业产业化国家重点龙头企业助力乡村产业振兴。

党的二十大报告指出，坚持农业农村优先发展，全面推进乡村振兴。中央一号文件连续多年聚焦乡村振兴，强调举全党全社会之力，全面推进乡村振兴重点工作，加快农业农村现代化。

乡村振兴，产业振兴是基础；产业振兴，农业企业是关键。农业产业化国家重点龙头企业是引领农业农村现代化的生力军，是打造农业全产业链、构建现代乡村产业体系的中坚力量，是带动农民就业增收的重要主体，在加快推进乡村全面振兴中具有不可替代的重要作用。

---

① 中华思源工程扶贫基金会现已更名为中华思源工程基金会。

通过创造社会价值，更好实现商业价值

问：商业向善、科技向善被越来越多企业重视，对此您有怎样的战略性思考？

韩：商业向善和科技向善已成为越来越多企业关注的重点。如何理解商业向善？ 我认为商业向善就是企业发掘其核心业务的社会价值，并将其运用在企业战略、业务发展以及资源配置中，从而让企业通过创造社会价值，更好地实现商业价值，真正做到可持续发展，成为社会进步的重要力量。比方说我们佐丹力，起初只是单纯做捐款或扶贫，后来我们会围绕企业的159方便杂粮粥将一、二、三产业相互融合，从而带动农户致富。今年，我会思考如何通过大力发展农业产业化国家重点龙头企业助力乡村产业振兴。佐丹力是国家高新技术企业、省级“专精特新”企业，我希望借助企业科技优势为公益慈善赋能，实现科技向善发展。将商业向善和科技向善融入公司的核心价值观，也是我们在未来发展中坚守的方向。

问：佐丹力持续进行公益捐赠，这又给企业带来哪些价值反馈或影响？

韩：佐丹力在持续做公益的过程中，不仅对社会产生了积极影响，也为企业带来了一系列价值反馈和影响。

一、良好的品牌形象与声誉：佐丹力积极参与公益活动，形成了企业与社会的良性互动，向外界展示了企业对社会责任的重

视和担当，在社会树立了良好的佐丹力品牌形象并提升了美誉度。这也增强了消费者对企业以及产品的信任。

二、文化自信与文化传递：我们佐丹力的员工看到集团的公益新闻时，都会发自内心地感到自豪。企业公益会渐渐影响员工，从而让公益变成一种企业文化，增强企业的凝聚力。参与公益活动也有助于员工之间建立更深的情感纽带，增进团队精神。

三、合作伙伴关系：积极参与公益活动加强了佐丹力与政府、社会组织以及相关产业企业等合作伙伴的关系。这为企业输送了更多信息、资源、技术和市场机会，进一步提升了我们企业的竞争力。

四、企业创新与发展：参与公益活动能够了解社会需求和趋势。在疫情期间，佐丹力为疫情防控累计捐款捐物折合人民币6147.3 万元。我们发现，人们越来越重视健康与养生问题，从吃得饱到吃得好，再到现在吃得健康，解决这一社会痛点越来越重要。佐丹力在产品研发方面加大投入力度，如研发出更加便捷营养的“能量教练杂粮棒”产品，该产品具有高蛋白质、高膳食纤维、高维生素 C 并富含多种矿物质等特点。目前，我们也在研发人参蜜片等产品，力图在产品和服务上进行创新，更好地满足市场需求。

问：香港已故著名企业家、慈善家邵逸夫曾说，企业家的最高境界是慈善家，您怎么理解这一观点？

韩：邵逸夫先生一生捐款上亿港元，捐赠 6000 多个教育、医疗等项目，在全国各地大学捐赠“逸夫楼”，为祖国教育事业的发展做出了巨大贡献。他用自己的实际行动，向世人诠释了何为真正的兼济天下。

邵逸夫先生所说的企业家的最高境界是慈善家，强调了企业家在追求商业成功的同时，要关注社会责任和公益事业。我认为这一观点对中国式现代化企业和企业家具有重要的启示作用，有助于引导企业家树立正确的价值观，以中国式现代化推进全体人民共同富裕。

问：作为长江商学院的学员，长江商学院的公益与社会创新教育以及对校友的倡导，对您有哪些认知和行动上的影响？

韩：从 2002 年 11 月 21 日创办的第一天起，长江商学院便把“引领管理教育发展，培育新一代商界领袖精英，推动社会和谐进步”的社会功能置于核心位置。来到长江商学院，我们说得最多的一句话是“无公益，不长江”。

每一位长江人都亲力亲为，投入大量时间和精力做公益；在校友服务团队的活动上，我们讨论最多的话题也是公益。“如何做好公益”这件事已经融入每个长江人的血液里，长江的“商业向善”理念和方法论，也刷新了我对公益的认知。以前我所认为的公益是捐款捐物的捐赠类型，而长江商学院的公益是以各地方校友服务团队、班级、拓展队自发开展公益活动为主，筹集资源后交由第三方或直接交给受助群体，并通过“市场化 + 项目化＋品牌化”的方式来开展公益，注重资源的整合和公益品牌的塑造。同时，通过理论创新、模式创新和实践创新，长江公益致力于成为中国创新公益理念和实践的引领者及推动者。

学以致用，佐丹力从最开始仅仅围绕捐款捐物的佐丹力公益1.0，到“授人以渔”，围绕产业推动农村职业教育提升的佐丹力公益2.0，再到未来龙头产业驱动产业链条，带动乡村振兴，实现共同富裕的佐丹力公益3.0，我们把社会责任、慈善公益、社会价值纳入长期战略中，不断践行企业社会责任，把社会责任内部化，从而创造共享价值。

第四章

年度长江公益项目

山里娃的
三点半云课堂

在线科技助力乡村教育

一块屏幕让山里的孩子看见更大的世界。

2017年，由长江商学院湖南校友服务团队负责人、CE012期、EMBA17期学员刘焱和妻子、文创2期学员彭莎共同发起，长江商学院CEO、EMBA校友担任大部分理事的湖南太阳慈善助学基金会（以下简称“太阳基金会”）正式启动“童行在线课堂”项目。

童行在线课堂为农村学校建设满足双向直播条件的云教室，根据学校现状添置希沃白板、摄像头等硬件设备，依托CCtalk互动教育平台，每周持续开展科学课、编程课、小记者课等8门兴趣课程。

那一年，“互联网+教育”井喷式发展。基金会率先以在线教育的新技术、新手段赋能农村教育，让农村孩子们可以享受到城市的教育资源，进一步弥合城乡教育差距。

2021年，“双减”政策实施。童行在线课堂项目进一步升级，逐步进入湖南省19所小学的课程表，为孩子们带来480个课时的兴趣课程，3000多学子直接受益。

具备长江基因的“太阳”

2013 年，刘焱和彭莎做出一个令所有人震惊的决定。他们捐资 1000 万元，成立了当时湖南省注册资金最高的非公募基金会——湖南太阳慈善助学基金会。长江商学院的 12 位青年企业家校友组建成基金会首届理事会。基金会的初始金额高达 1300 万元。

谈及这段经历，“当时我们在湖南省民政厅注册时，工作人员都反复询问我们的动机，显得无比惊讶”，刘焱回忆。

在儿子小派的满月宴上，刘焱与彭莎（右二、右一）宣布捐资 1000 万元，成立湖南太阳慈善助学基金会。

创办基金会的想法由来已久。

从2002年起，刘焱一手创办的湖南鑫焱投资有限公司发展得风生水起。他开始资助农村贫困学生，为家乡修建高速公路。2010年，在朋友的推荐下，刘焱进入长江商学院CEO 12期、EMBA 17期学习，全面系统了解公益与社会创新知识，完成了48小时的公益学时。

其中，朱睿教授的实践课程令刘焱印象深刻，他感觉自己对公益的理解完全被刷新了。他时常与朱睿教授探讨社会创新的价值，这引领他从慈善转向公益。课程与实践外，刘焱广交志同道合之友。很快他便发现，长江商学院众多学员中不乏一批有志之士，他们渴望以公益的方式回馈社会，更希望善款令真正的需求者受益，却不知道应该捐钱给哪一个可靠的组织。

刘焱深受启发："为何不聚成一股合力，创办一家有着长江力量的基金会？"

2013年，太阳基金会正式成立，名称取自刘焱所在的"太阳"拓展队。基金会关注农村教育，致力于帮助想读书、爱读书的贫困学子完成学业，为农村孩子提供更加优质的教育环境，从而弥合教育差异，实现最基本的"起跑线"公平。

"太阳"是农村孩子的希望，更是长江精神的实践。基金会的两位创始人、12位理事会成员均是长江校友。长江商学院一直提倡"用商业的模式做公益"，成功的商业战略一定是基于行业的真正痛点。他们运用长江思维，通过调研探索农村教育的真问题，继而创立品牌项目，最大化利用公益资源。

成立初期，太阳基金会开展多项调研，发起资助农村贫困学生完成学业的“太阳学子计划”。每年，基金会资助小学生 1000 元 / 年，初中生 2000 元 / 年，高中生、大学生 3000 元 / 年，直至他们完成大学学业。太阳基金会还与长江商学院 EMBA 32 期 5 班共同在湖南生物机电职业技术学院设立“太阳慈善助学金”。自 2019 年起，他们为该校 125 名优秀贫困生提供连续 3 年，每人每年 3000 元的资助金。

2016 年，彭莎前往湘西泸溪参与支教，期间她发现缺衣少食不再是很多农村地区的现实问题。许多孩子都人手一部手机，很多教室也都配置了多媒体设备。但乡村老师匮乏的问题仍然严峻，音乐、体育、美术等副科老师尤其稀缺。“有的学校虽然装备了功能齐全的多媒体教室，却连一名专职老师都没有，不少地方都存在音体美科目由语数老师兼任的现象。”

针对农村美育缺失的问题，太阳基金会开展“露珠计划”。项目招募专业摄影老师和大学生志愿者，定期到项目点教授基础摄影知识，回收摄影作业，并在基金会的各个传播平台

彭莎理事长在泸溪县八什坪乡大村谭村小与孩子们在一起。

与主流媒体上发布。项目已为6所农村学校带去近千台相机设备，教授内容继而从摄影走向诗歌、绘画和音乐，受到学生、家长多方称赞。

“露珠计划”让刘焱与彭莎看到了农村教育的真实困境，也让他们意识到传统支教模式存在的弊端。“大学生志愿者的支教时间较为集中，只能在寒暑假等固定时间段进行。对学生而言，每位老师的风格不同，知识缺乏连续性。”

2017年是在线教育飞速发展的一年。刘焱开始思考，如何将在线教育的新理念、新技术与农村美育结合，既解决农村专职老师缺口严重的问题，让农村孩子接触到城市的教育资源，又保证课程的连贯性？

为此，太阳基金会计划在项目点启动童行在线课堂。

摸着石头过河

在农村地区铺开在线课堂实则困难重重。

基金会副秘书长王安琪着手调研在线课堂公益项目。“2017年，全国只有5家机构做在线教育的公益项目。当时印象比较深的一个是沪江的‘互+计划’，另一个是北京童年一课助学发展中心。这两家机构也都面临各种挑战，摸着石头过河。”

疫情前，在线教育的概念还未广泛普及，学校校长不理解什么是在线课堂，为什么要做在线教育。向学校引进项目时，基金会需要花费大量时间解释项目。农村学校还在使用老式的智慧教室与硬件设备。譬如，多媒体屏幕老化，显示清晰度低，需要再接上一盏 LED 灯，但如此一来，学生的观看效果变差，更无法集中注意力。

习惯于线下课堂的志愿者老师也认为，以线上的方式传授美育知识难度太大。“我们最开始找到的一些音乐、美术志愿者，他们一听是在线教育，就说上不了。如果要练声的话，老师的手要放到小孩子的肚子上去感受，在线课堂的互动性太差。”王安琪回忆。

网络也是一大难题。当时，农村网络普遍不稳定，网速也慢，上课时经常出现突然掉线的情况，要保证课程顺利进行，需要另想办法。

针对调研发现的各种问题，太阳基金会决定在湖南省益阳市安化县的一所小学做项目试点。根据项目的整体效果，再决定是否继续开展项目。

安化县是刘焱的故乡，也是曾经的国家级贫困县。境内群山连绵，是典型的山区县。当地的儿童大多是与爷爷奶奶为伴的留守儿童。2017 年底，基金会联系到安化县烟溪镇完小的胡毅校长，双方达成在线课堂的试点合作。

通过问卷调研，基金会发现，英语课是该校最为薄弱的一门主课。由于长期缺乏专职老师，学生不得不等到三年级才能接触英语，他们的英语水平普遍低于同龄人。此外，学校建设在群山峻岭间，安全问题也十分严峻。

针对学校现状，童行在线课堂率先在烟溪镇完小试点英语课与生命安全课。为此，基金会找到长沙市长郡中学的校医务室负责人以及一家留学机构的负责人。他们专程前往安化县烟溪镇家访，实地考察学生的真实需求。基金会还搭建了一套在线课堂培训体系，引导学生，让课堂更加生动有趣。

为实现老师与学生的双向实时互动，基金会与一家教育软件公司合作，开发教育直播平台。但由于技术难度较大，软件不够成熟，第一节课故障频发。助教老师在班级里发起课程，却无法连线到对方的老师。最终，助教老师为电脑设备开了热点，才使课程进行下去。

2018 年 9 月，童行在线英语、生命安全课堂在烟溪镇完小上线试点。

网络不流畅、硬件软件平台不够成熟、老师对设备不熟悉等诸多问题导致项目试点的在线课堂故障频发。即便如此，烟溪镇完小校长仍对在线课堂给予极高评价：“项目缓和了我们师资不足的问题，让孩子们第一次体验到生命健康教育，他们都希望以后继续上课。”基金会的决策层深受鼓舞，决定外部条件再难，也要坚持做下去。

孩子们的知识天堂

突如其来的疫情给在线教育带来了发展机遇。

疫情期间，安化县的教学完全停滞，童行在线课堂也被迫停下脚步。太阳基金会没有因此受挫，他们另辟蹊径，衍生出只需通过微信就可以在线辅导学生的“小问号”项目。他们招募大学生志愿者，将志愿者与农村孩子一对一配对，通过微信辅导学生作业，业余时间也会教孩子们音乐、剪纸等。

出乎所有人意料，仅一天时间，项目就收到400多名大学生和200多个农村家庭的报名申请，最终成功结对202组。这也使得一家非公募基金会的“小而美”项目迅速传播开来，在湖南省重点高校间形成一股在线志愿者浪潮。与此同时，国家层面也开始关注在线课堂，大力投入网络等硬件设施的建设。校方对在线教育从观望迟疑走向积极欢迎，大学生志愿者也积极为农村学子提供在线支持。

天时、地利、人和，多方合力促成童行在线课堂项目迎来飞跃式发展。

2020 年秋季学期，疫情暂时缓和，安化县小学恢复课堂教学。太阳基金会顺势与 5 所学校谈成在线课堂合作。“小问号”项目积累下来的庞大志愿者体系使得开设更加丰富的美育课程成为可能，童行在线课堂逐步发展了科学课、音乐课、阅读课、小记者课等。

针对在线课堂互动性差的难题，太阳基金会通过沪江的 CCtalk 平台，使童行在线课堂实现了在线老师与农村老师的双向互动。为确保课程更加稳定，基金会建设了两个直播基地。“虽然比起录播，成本成倍增加，志愿者与项目点的连接、管理也更为复杂，但实现双向互动可以最大程度地避免线上教学的枯燥。音乐老师在家领唱，远在山里的孩子们可以跟着一起合唱。”刘淼说。

从此，山里的孩子们拥有了自己的知识天堂。在周内，童行在线课堂开展丰富多彩的兴趣课程，而“小问号”项目则作为补充，为学生提供周末在线辅导。

在线课堂为孩子们开启了阅读冒险之旅。孩子们走进书香世界，和彼得·潘在永无岛上自在飞翔，在巴学园和纯真可爱的小豆豆交朋友，从《中国古代神话》中感悟古人惊人的想象力和创造力，与爱丽丝一起开启一段奇幻冒险之旅。

“原本我不太喜欢看书，家长买的书我都不喜欢看，但是上了在线课堂后，我不仅找到了爱看的书，还喜欢上了看书，知道

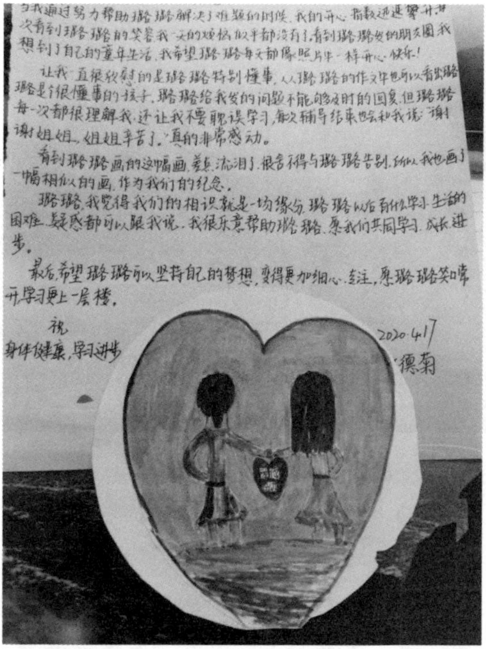

“小问号”结项时，志愿者写给小朋友的信。

了看书的快乐。”烟溪镇十八完小学生用稚嫩的语言表达了对阅读课的喜爱与不舍。

在摄影课上，孩子们以家乡安化为中心，聆听梅山传说，品饮地道黑茶，对家乡文化有了更多了解。将军完小的伍丽江同学还记得摄影老师的话，“他说，黑茶只有中国有，中国只有湖南有，湖南只有安化有。身为安化人，我为安化和中国感到骄傲。”

一节音乐课竟让知识的火焰传递下去。“这个学期的在线课

在线国学课堂的汉服体验课，带给孩子们不一样的体验。

堂，我最大的收获是学着去倾听世界、热爱生活。我长大了要将志愿者老师的爱心传递下去，也做一名音乐老师。”廖家坪完小的周轶帆同学说。

在每学期的反馈问卷中，孩子们提到最多的是“我下学期还想上‘童行在线课堂’的课！”在线课堂就像一道光照亮他们的内心世界。

为了让山里的孩子们拥有更好的课堂体验，太阳基金会逐步搭建起从项目调研到课后反馈的全流程体系。“每到一个项目点，我们都会发放一个非常详细的调研表，调研学校网络与设备及老师的情况。根据学校状况，基金会为其添置摄像头、投影仪、希沃白板等硬件设备。在正式开课前，项目的项目官会下到农村学校，进行两次试课，教会老师们操作设备，看看有没有突发状况需要解决。我们也形成了完善的志愿者培训与反馈体系，通过太阳基金会小程序，志愿者可以在线注册，课后反馈打卡。在每学期结束时，学校和学生也会收到一份测评问卷来反馈问题。”副秘书长王安琪说。

“双减”后的在线课堂

2021 年 7 月，中共中央办公厅、国务院办公厅印发《关于进一步减轻义务教育阶段学生作业负担和校外培训负担的意见》，简称“双减”政策。太阳基金会发现，有越来越多的学校愿意和自己合作，希望童行在线课程进入学校课后三点半的“双减”课表里。

谈及对教育的探索，刘焱说：“太阳基金会一直走在教育公益前列。童行在线课堂运营的三年时间里，我们也一直在摸索山里娃们需要的是什么。不断思考、深入调研，云课堂的课程体系也逐渐完善。”

起初，太阳基金会设立生命安全课，为孩子们讲解校园安全、用电安全等基础安全知识，期望孩子们能够强化安全意识。随后，基金会发现，高年级的孩子更希望接触书本上没有的知识，单纯的安全课已经无法满足他们的求知欲。因此，安全课全新升级为由计算机课、性教育课与生态保护课组成的通识课。此外，在线课堂还尝试多样化的科学教育实验，开设编程课程，让孩子们学会使用 Scratch 编程语言制作动画。

“妈妈我想你了，你什么时候回来？”

“家里有疫情不能回来，崽，要不昨天我就回来了。”

简短的文字，却让人眼眶湿润。这是疫情的真实写照，也是留守儿童的思念。在廖家坪完小的计算机上，小锦同学给妈妈成功发送了一封电子邮件。对这对母子来说，这是他们人生中的第一封电子邮件。

学校里有老旧的电脑室，却没有专业的计算机老师。如何将这些电脑利用起来，让孩子们学会基础的电脑技能，是在线课堂努力的方向。从基础的打字，到学会使用浏览器，再到挑战给最爱的亲人发送一封邮件，太阳基金会看到了学生们的进步。

在性教育课堂上，老师以丰富有趣的故事设置青春期情境，引发孩子们思考现实中的应对措施。孩子们第一次学习保护隐私，女孩子学会预防性侵，男孩子学会保护自己和他人。“最开始的时候觉得很别扭，后面觉得很有用。”了解到自己是妈妈十月怀胎辛苦生下时，孩子们纷纷举手表达感受，“妈妈您辛苦了，我以后再也不捣乱了。”

一块屏幕带给山里的孩子们不一样的世界，也改变着志愿者老师的人生轨迹。

2022 年，湖南卫视《湖南新闻联播》以《张培培：轮椅女孩的追光之路》为题，报道了太阳基金会项目官，在线课堂编程老师张培培的故事。

18 岁时，农村女孩张培培以 604 分考上中南大学计算机专业。在收到录取通知书的第 5 天，她不慎从自家房顶摔落，造成高位截瘫。2 年后，她鼓足勇气决定复学。在很长一段时间里，她都处于绝望和压抑之中。2019 年末，在本科辅导员的推荐下，她第一次认识太阳基金会，成为一名志愿者老师。

第一次给南金乡完小的孩子们上生命安全课，张培培看着屏幕那端一张张稚嫩的小脸，听着小朋友们爽朗的笑声，她感受到了一股蓬勃的生命力。完成第一堂课后，她感受到了自己的独特价值，这是久违的感觉。从此，为了以更好的形象上课，张培培学会化妆，想要努力生活，重拾对未来的信心。她尽己所能，帮助同为农村出身的孩子们学习更多知识。

当城里的孩子已经熟练地使用电脑，甚至开始学习少儿编程

张培培（右一）作为优秀志愿者代表参加太阳志愿者年会。

课时，山中孩子的信息技术水平停滞不前，很少能接触到有用的信息技术。为此，张培培将编程课送入了安化县廖家坪完小。

“这些年，大家给予我的不仅仅是帮助，而且是好好活下去的力量，这些帮助就像阳光再次照进我的生命，我也想把这份温暖传递下去，让像我一样的农村孩子能够拥有更光明的未来。”张培培在接受湖南卫视采访时说。

山里的孩子们对编程课的反响更为热烈。在基金会发放的21份反馈问卷中，廖家坪完小的大部分学生表达了亲手制作编程作品的收获。周家诚同学写道：“它让我深切感受到编程与数学之间的联系，还要用自己的思维来‘建积木’，真有趣。”“在编程的学习中，我明白了思维能力的重要性。在‘建积木’的过程中，只要有一个积木建错，满盘皆输，这也考验我们的细心程度。在线课堂真的让我收获了很多。”

愿每个中国孩子自由如云

2022年12月，“山里娃的三点半云课堂”项目荣获“年度长江公益项目”，太阳基金会创始人、理事刘焱荣获“年度长江公益人物”。

“项目难度非常大，前期我们摸索了很长时间。项目将兴趣教育与在线课堂成功结合，为山里的孩子源源不断输送优质教育资源。兴趣教育就是孩子们的一扇窗，激发了他们对学习的热情。只要孩子们爱上学习，愿意学习，成绩肯定都不会差。”谈及项目的创新价值，刘焱说。

自 2018 年童行在线课堂上线以来，基金会共开发 12 门课程，合计开设 1090 节课，惠及新开完小、烟溪镇完小、鱼水学校、廖家坪完小等 19 所学校，其中，廖家坪完小成绩斐然。2019 年，在加入在线课堂的那一年，它的升学率在全安化县 166 所小学中排名倒数第一，到 2022 年，它位列全县第 22 名。

3 年时间，廖家坪完小创造了全县小学的奇迹。2022 年底，廖家坪完小荣获安化县教育局颁发的“小学教育教学质量考评进步奖”。校长说：“这个奖牌有 30% 属于太阳基金会。”

太阳基金会的成绩来之不易。刘焱坦言，10 年来，他们一

湖南省安化县廖家坪完小利用学校电脑教室参与童行编程课堂和童行通识课堂。

直是如履薄冰。“2013年，我和妻子只是想单纯捐赠1000万，为农村的孩子做些善事，但善款真正落地实施下去，真的不容易。‘用钱’的公益和‘用心’的公益是不一样的，那种成就感和荣誉感完全不同。做公益也一定要从需求方的角度出发，每个项目都需要家访、实地调研，发现留守儿童的真实需求，再精准匹配项目。”

今年3月，太阳基金会与“免费午餐”发起人邓飞展开合作，以人才振兴助力湖南省乡村振兴，资助湖南雪峰山地区新化、安化两县具有创业潜质的农村青年参加“雪峰青年农创营”，开启思维提升、优秀案例现场游学共创、返乡前路演未来行动等多模块学习。自此，太阳基金会的项目实现从小学到青年创业的全覆盖。

“愿每个中国孩子自由如云”是太阳基金会的愿景。“世界是多元的，即使他们中有些人无法获得世俗意义上的成功，但仍希望他们能在天地之间找到自己。不是‘韭菜’，也不是‘工具人’，每个人都活出属于自己的精彩。”

刘焱说，为了这个使命，“太阳”会一直照亮下去。

对话长江商学院湖南校友服务团队负责人、第八届长江公益奖“年度长江公益人物”刘焱

问：山里娃的三点半云课堂项目最大的创新价值体现在哪里？

刘：项目以在线科技赋能农村教育，解决了传统支教的一大痛点。大学生志愿者只能在寒暑假支教授课，过了时间人就走了。对农村孩子来说，学到的知识是散的、零碎的。受地理因素的限制，很多山区里的孩子可能一辈子都享受不到高水准的教育教学。如何在资源有限的情况下，让山里的孩子们也能持续不断地接触到城里的教育资源？这是我们一直思考的问题。2018年，我和妻子彭莎看到在线教育兴起的态势，就在太阳基金会做了这个项目。

除此之外，项目着重关注兴趣课的发展。在线课堂与美育结合，难度非常大。像美术课、音乐课，需要老师在场，手把手教孩子们如何画画，如何发声。这也是一直困扰我们的一个难题。为了解决这个问题，我们招募更加专业的志愿者老师，他们要对在线教育有一定思考，懂得运用创新理念与手段赋能在线课堂。对我们的培训体系而言，这也是一次考验，如何引导学生思考，如何运用道具激发孩子们的积极性，弥补在线课堂本身的低互动性，在这方面，我们有了些经验，但未来还有很大的发展空间。

问：您从 2002 年开始进行慈善捐赠，2013 年创办湖南太阳

慈善助学基金会。20 多年的慈善生涯，您遇到过的最大困难是什么？

刘：我出生在湖南省益阳市下面的一个国家级贫困县——安化县。在我上初中的时候，身边有很多贫困学生，他们交不起学费，连食堂的饭菜都吃不起，每天带点猪油和咸菜，对付着吃完午饭。这给我留下了很深的印象，我想等我自己有能力了，一定要帮助山区里那些上不起学的贫困生。

2002 年，我就开始捐钱，回馈社会。先是为家乡修了公路，又以个人名义资助了两名贫困生，其中一个非常优秀，已经是中国兵器工业集团的一个处级干部了。2010 年，在好朋友的推荐下，我到长江商学院学习。

2013 年，我从长江商学院毕业时，和爱人决定捐资 1000 万。因为当时对其他机构不太了解，也不够信任，就想把长江的同学汇集起来，成立一家非公募基金会。一开始，我给我的企业家朋友们打电话筹款，真的抹不开面子，总觉得要钱很丢人。但后来慢慢发现，很多朋友、同学也在默默地做公益慈善，再打电话也就没有什么负担了。

最难的是善款的落实。一开始，我们的想法很简单，就是捐些钱给农村上不起学的孩子们，但后来发现，越往前走越艰难。想要挖掘他们的真实需求，一定要扎到农村去，到孩子们的身边，走访调研，再定位具体项目，实施落地。每一步都很难，但都离不开前期的调研。在这方面，我们基金会秘书处做得非常到位。

问：经过长江商学院的社会创新教育与实践，您对公益的认知发生了怎样的转变？

刘：第一个转变就是从单纯的慈善行为走到公益创新。加入长江商学院之前，我和妻子所做的，包括资助孩子上大学、为家乡修路，其实只是单纯的慈善行为。2010年，我到长江商学院学习，2013年毕业，这期间，我学到了很多公益创新理念，对我启发很大。毕业之后，我们想做有利于整个社会发展的公益事业，就创办了关注农村教育的太阳基金会。

此外，我们一定要站在平等的角度考虑问题。单纯地将城市的教育资源嫁接到农村是有很多问题的，农村有着独特的文化魅力，比如安化县是黑茶、梅山文化的发源地，农村的教育应该让孩子们发现身边的独特之美，我们也要传递这样的理念。

问：作为"年度长江公益人物"，您对"无公益，不长江"是如何理解的？

刘：我对长江商学院充满感激之情。太阳基金会能有今天的成就，长江商学院功不可没，长江商学院与太阳基金会是"你中有我，我中有你"不可分割的关系。长江校友组成了太阳基金会的理事团队，他们既是商业领域的实干家，又是公益领域的创新推动者，支持创新，赋能基金会项目发展。

来长江学习的学员，绝大多数是企业家或者中小企业主。他们在商业上取得了成就，或多或少都想做些善事。在"无公益，不长江"理念带领下，企业家们可以系统地学习公益，开展

48 小时的公益学时。在长江，还可以结交到一群心系社会、有理想、有抱负的企业家，可以一起做公益，就像我们的太阳基金会。

问：您是如何看待商业向善以及公益与商业融合的社会创新理念的？

刘：公益与商业融合的社会创新、商业向善也是我一直努力学习的方向。在长江学习的那段时间，我们上过朱睿教授关于社会创新的课程，我也向朱睿教授请教过类似问题。目前，基金会也在思考如何运用社会创新的理念赋能农村教育。

对于商业向善，企业首先要把自己管理好、经营好，这是核心前提。企业只有把自己发展好，才有能力帮助他人。在商业向善的过程中，"授人以鱼，不如授人以渔"，要以长远发展的角度，为受助者群体赋能，带去的不只是钱，还有理念和工具。

问：未来，您在公益慈善方面有哪些计划？

刘：太阳基金会走过十年旅程。"太阳"是我和我爱人以及长江校友理事的毕生事业，只要我们有能力，就一定会把它做下去。十年是个节点，我们在不断总结教训，积累经验。未来，在增强秘书处执行能力、筹资能力的同时，我们不仅要扎根湖南，还要逐步向外省开展项目，最终发展到全国。

我们也想帮助更多弱势群体，希望和更多行业合作。这几年，我们和全国最大的家政服务平台——天鹅到家合作，资助他们的一些贫困家庭、贫困儿童。另外，我们也与联储证券股份有限公司成立了专项基金，在全国最困难的地区落地了多个农村教育赋能项目。未来，在我们能力范围内，不仅要做到地区上的扩张，也要加强行业上的进一步合作。

太阳基金会的项目也会覆盖更多人群。最近，我们与邓飞开展了一项合作，赋能湖南的农创青年，让他们到杭州参与培训，再回到湖南创业，这也是我们一直探索的公益与商业相融合的项目。

撰文：张琢

案例点评

从简单的捐赠物资和资金，到发现社会问题的复杂性；从回应学费、生活费需求，到回应儿童发展所需的综合能力；从应试课程，到多元能力发展课程；从一个班级、一个学校，到思考规模化路径。

这是太阳基金会的经历，这个组织自我成长的过程向我们展现了我们尝试解决的社会问题的复杂性。解决一个社会问题需要专业的研究，并能通过实践和研究得出解决方案，在企业，这叫研发产品并获得消费者认可，即市场的成功。而公益组织如何积累自己的核心能力、核心技术、核心产品呢？公益组织通过行动研究来寻求社会问题解决方案的过程更为复杂，需要对社会问题本身有研究，并能通过一系列干预活动对问题进行改善，同时还需要评估验证其效果。

政府通过财政为大量民生和发展需求兜底，市场里的企业通过产品回应不同人的不同需求，但这还不够，还有很多复杂的社会问题需要解决方案。解决方案验证成功后还需要想办法规模化，以回应更大量的同类需求。这是公益组织的“变革理论”。我们需要更多太阳基金会这样有使命驱动的组织，持续追求、探索从简单项目到专业复杂项目，从少数受益人到更多受益人的成功路径和案例。

李弘（深圳壹基金公益基金会秘书长）

同心助学·后浪前行

关爱进城务工子女，探索自运转公益体系

“同心助学·后浪前行”公益项目由长江商学院贵州校友服务团队于2021年发起，既是为了呼吁更多人关注进城务工人员随迁子女这一弱势群体，也是对长期性公益项目的一次尝试和探索。

为此，贵州校友服务团队建立了慈善信托基金，保障资金的安全和规范；与教育界别党派中国民主促进会合作，增强公益项目的辐射力度和广度；搭建教师志愿者平台，提高公益项目的可复制性。在资金、人员、制度的共同保障下，一种可持续、可跟踪、可复制的“自运转”公益模式成功地建立起来。

打造公益新模式

公益精神是长江商学院的重要精神之一。受此影响，长江商学院贵州校友服务团队一直在寻找让校友共同参与进来的公益项目。此前，贵州校友皆尝试过公益，但大多是一次性的——捐赠一笔钱，购置一批物资，办一个仪式，之后便没了下文。在校友服务团队负责人熊自立和黄学涛秘书长的倡导下，众位校友群策群力：怎样才能做出一个可持续的公益项目？

校友服务团队罗磊提议联合中国民主促进会来做教育公益项目。中国民主促进会主要由从事教育、文化、出版、传媒以及相关科学技术领域工作的高中级知识分子组成，多数成员来自教育界。罗磊是贵阳市观山湖区的一名企业家，从农村走出来的他深知教育的重要性，连续多年资助成绩优秀的农村学生上大学，同时，他也是民进贵阳市委企业家联谊会副会长。

他建议，如果将长江商学院的力量和中国民主促进会的老师资源结合在一起，也许能创造一种新的公益模式，还能增强公益项目的辐射力度和广度。

这个想法让大家眼前一亮。接下来，贵州校友对贵阳的教育情况展开数据调研，试图选取一些能够长期跟进的项目。调研发现，贵阳进城务工人员随迁子女的受教育情况总体较差。其中，观山湖区是贵阳近年快速发展起来的一个新区，以大量的建设需求吸引了许多进城务工人员，他们的子女在整个观山湖区适龄受教育儿童中约占18%，却由于学位紧张，不能在公立学校接受较好的教育。因此，贵州校友服务团队将本次公益的方向聚焦在对进城务工人员随迁子女的教育帮扶上。

罗磊找到时任贵阳市政协副主席、民进贵阳市委主委杜正军，表达了贵州校友服务团队的想法，二人一拍即合。杜正军随即安排了中国民主促进会贵阳市观山湖支部的一些老师与罗磊探讨帮扶的具体方式。

2021年5月，熊自立在贵州校友服务团队内部发起了针对本次“同心助学・后浪前行”公益项目的筹款活动，在各位校友的积极行动下，很快便募集到了47万余元善款。

如何对这笔资金进行管理？贵州校友服务团队的几位发起人商议，如果将资金交由某一个人独自管理，人员如何选择都不合适，但假如将这笔钱捐赠到基金会，公益项目用钱流程又比较烦琐，无法实现公益的初衷。

按照长江商学院的传统，每个班级会有一个公益界别的学员。贵州校友服务团队负责人熊自立恰好与广东省和的慈善基金会的秘书长汪跃云同班。汪跃云建议校友服务团队可通过专业的信托公司开设一个慈善信托基金来管理善款，同时成立一个专门的公益委员会来管理善款的审批及使用。

慈善信托是一种公益性的信托方式。据《中华人民共和国慈善法》第四十四条规定，慈善信托是指委托人基于慈善目的，依法将其财产委托给受托人，由受托人按照委托人意愿以受托人名义进行管理和处分，开展慈善活动的行为。

据汪跃云介绍，市场上的信托公司在盈利性信托外也开展慈善信托。与管理费用昂贵的家族信托基金不同，信托公司对慈善信托基金几乎不收取任何费用，既保证慈善信托基金安全可控，同时也提供管理和保值服务。如此一来，后续公益项目需要用款时，可经由公益委员会审批通过后，向信托公司申请用款，从而保证长期用款的规范性。

这一设计获得校友一致认可。经校友服务团队内部选举，一个由 15 人组成的公益委员会随之成立。校友龙江丽负责基金的监督和跟进。此后，在汪跃云推荐下，贵州校友服务团队于华能贵诚信托有限公司设立“同心助学·后浪前行”慈善信托基金。

开辟公益试点

搭建项目框架后，贵州校友服务团队随即开展试点工作。经贵阳市教育局和中国民主促进会贵阳市委员会推荐，贵州校友服务团队锁定观山湖区三所进城务工人员随迁子女学校，即小箐小学、新星学校和树才学校，开展实地考察。

罗磊的助理江南负责考察工作。据她回忆，小箐小学和新星学校的地理位置和交通条件不错，靠近主路，新星学校不远处还有一个地铁站，也靠近快速路。她开车前往两所学校的过程比较顺畅。相比之下，树才学校的位置则比较偏僻，位于城中村，电线横布道路两旁，入口非常狭窄，车辆难以进入，也没有公交车站。站在树才学校的教学楼顶，目之所至，四周高楼耸立，十分繁华，反观学校四周，则是城中村典型的破旧与脏乱。江南想，不知每天于此生活、上学的学生，目睹这些反差会是何种心态。

树才学校是一所 9 年制学校，附设学前班。创建学校的老校长已经退休，接任者是 80 后文校长，她秉承了老校长的办学理念，尽可能为孩子们提供更好的学习和生活条件，还为孩子们争取到了“免费午餐”项目。

江南回忆第一次见到文校长的情景。她惊讶于这个与自己同龄的漂亮女生居然会选择接任校长，并抱持如此热忱。“提到

贵阳市观山湖区树才学校校门。

学校孩子时，她的眼睛在放光，我能感受到她真的热爱自己的工作，全心全意为孩子们好。”

虽然有两任校长的接续努力，树才学校当时的条件仍不尽如人意。学校约有 600 名学生，但教职工仅 30 余人。由于树才学校工资待遇较低，作为民办学校也不能提供稳定的老师编制，学校整体师资水平较差，老师流失率非常高。有经验的老师很难被留住，有机会考入公立学校的老师基本都会离开，剩下的老师也难有培训机会。

与之对应的是学校学生的高流失率。部分学生随家长前往新的打工地点，部分学生受限于家庭条件而放弃学业。同时，学生整体素质较低，有的学生平均课业成绩仅有三四十分。

得知江南的来意，文校长表示学校孩子们非常需要这些学科类和素质类课程，自己也会大力支持。

经过考察比较，贵州校友服务团队最终决定将树才学校作为项目试点。

软硬件对口帮扶

帮扶之路是为学校提供硬件和软件支持。硬件方面，贵州校友服务团队决定为全校孩子们换一套新校服。

相比公立学校学生一年可穿几套校服，树才学校学生只有一套红白相间的单薄校服，样式老气，质量也较差，许多学生身上的校服已经出现明显破损的痕迹。换一套好校服，不仅能让孩子们穿着更加舒适美观，更重要的是，校友们希望从最直观的校服入手，改善学生的精神面貌。如此，孩子们不会因羞耻而在放学后急忙脱掉校服，也不会在面对其他学校学生时感到自卑。

为此，贵州校友服务团队请来设计师，以“后浪”为灵感，设计出一套以蓝色为主色调，款式大方的校服。校服胸前是树才学校的校徽，背面则印有“同心后浪”的艺术字体及两朵白色浪花。

“同心助学 · 后浪前行”项目为树才学校订制校服。

树才学校学生代表领取校服。

树才学校的孩子们穿上了新校服。

为最大化保持捐赠的初心和尊重孩子们的感受，贵州校友服务团队没有在校服上留下长江商学院的logo，也没有举办需要学生们表演节目的校服捐赠仪式。“如果我们这么做，会让孩子们有一种分别心。我们不希望他们认为自己是弱者，是被帮扶的人，我们的温度应该传递于无形。”

在校服捐赠之外，贵州校友服务团队联合中国民主促进会贵阳市委员会成立教师志愿者平台，有计划地开展公益送教送培活动，逐步提升树才学校的教育教学水平。

刘华是中国民主促进会观山湖区总支副主委、北京市西城区黄城根小学贵阳分校英语老师，拥有20多年教学经验，还曾在乡镇学校教学，了解到本次公益项目后，她主动申请加入。

得知贵州校友服务团队打算做一个长期的公益项目，刘华建议罗磊对学校进行长期性、有计划地输出，取得更好的帮扶效果。她提议，中国民主促进会观山湖支部拥有丰富的老师资源，老师们经常参加各种送教送培活动，可以联合成立一个教师志愿者平台，通过持续的公益教培活动来系统化改善树才学校的教育质量。

2021年5月，“关爱进城务工人员随迁子女”公益项目筹备会启动。贵阳市教育局领导、中国民主促进会贵阳市委员会领导和部分会员，以及长江商学院贵州校友服务团队的相关负责人参会。会议确立了本次公益项目的助学范围和模式。项目计划以学期为阶段，每学期开展4次送教活动、4次送培活动，帮助学生开拓眼界、增长知识、点燃梦想，提升老师的职业素养和幸福感，扶助家校共育良性发展机制。贵阳市教育局将支持、监管老师的支教活动。

在送教送培活动开展之前，刘华带了几个老师来到树才学校，通过问卷调查、观察课堂、课后服务三种方式考察学校的教学情况。

刘华发现，树才学校的师资力量比较薄弱，部分老师是住在学校附近的居民。大部分老师在教学规范性、教学思路和教育思维等方面基础薄弱，缺乏系统培训，更不知如何写教学课题和研究论文。市、区的教研员到校指导老师的机会也不多。同时，学校课堂氛围不够活跃，学生缺乏有效的学习方法。

刘华此前曾担任英语中心主任、英语教研组组长、区级片区教研负责人、市级教研组中心成员，拥有丰富的教研经验。初步考察后，她向树才学校的老师分享如何从一位初级老师成长为教研型老师。分享结束后，老师们围着刘华问问题，“他们说之前从没有这样的培训，也都不知道老师可以做这些事情，还有人担心自己与名师差距太大，怕教不好。”刘华耐心回答问题：“别着急，我会结合树才学校的实际情况来制订计划，慢慢来。”

在刘华的组织下，教师志愿者平台逐渐搭建起来。起初，平台聚集了 20 人左右，除了语数外三大主科课程老师，还有六七个舞蹈、音乐等素质课程老师。刘华带领教师志愿者平台的各位老师，以集体培训、师徒结对的方式开展教研，具体则以“同课异构”的形式展开。“同课异构”即由树才学校的老师先上一节课，再由教师志愿者平台的老师在同一年级的另一个班上讲授同样的内容。随后，志愿者老师再与树才学校老师开展教研，

刘华老师在开展课后教学研讨会。

“同心助学 · 后浪前行”课后教学研讨会。

研究如何上好一门课。

刘华介绍，一般送课送培的老师们早上 8 点前抵达树才学校，上课及教研直到中午。上课之前，志愿老师们通常花费至少 2 个小时来备课，多次修改教案以更好适应树才学校学生的特点。

通过几轮送课，课堂的气氛明显活跃起来，学生的参与度也大幅提高，就连接受培训的老师也变得开心起来。一位老师对刘华说：“真是教学相长，没想到英语教学也能这么快乐。”

帮扶 1 年后，刘华所在年级学生的英语平均成绩从 30 多分提升到 60 多分，“这给予我们很强的信心，我们在做的不是像过去那样发发教辅材料、补补课，而是既符合‘双减’的要求，也通过提升老师教育教学能力，把课堂变成欢乐的场地，让孩子们更愉快地学习，这比教知识对孩子的影响更深远。”刘华说。

随后，教师志愿者平台逐渐吸引越来越多的老师，课程种类也愈加丰富。不到 1 年时间，平台参与老师超过 50 人，累计组织了 26 次法治类、书法类、舞蹈类、学科类等各类课程以及科技大篷车进校园活动。

以心灵影响心灵

2021 年初，刘华想到：寒假将至，如何丰富孩子们的假期活动呢？刘华的英语课上的唱歌环节一直备受学生欢迎，但一首歌只有40多秒，学生们往往还没唱过瘾就结束了。她萌生想法，如果能多制作一些歌曲，并为歌曲编舞，让孩子们一边唱一边跳，定会为孩子们的假期增加乐趣。

得到周围人一致认可后，刘华邀请了几位英语老师和音乐老师，以三年级教材为基准，创作了20首富有节奏、活泼可爱，适合小学生发展特点的韵律操。贵州校友服务团队还邀请设计师将这套韵律操的歌词制成了一本图文结合的教辅材料，并发放给学生们。

放假前，刘华和几位老师招募了6名树才学校的学生和4名本校

英语韵律操教辅材料。

学生，花费3天时间来教他们跳操，并由贵州校友服务团队出资录制成视频。过程中，刘华老师对一位小男孩印象很深刻。一开始，他比较害羞，学习习惯也比较差，在老师讲解的时候，他没有动笔动口的习惯。经过3天韵律操的学习，他变得开朗很多，学习兴趣也浓厚了起来。

除了教师志愿者平台带来的各种丰富课程，贵州校友服务团队的校友们还不定期去学校开设讲座，与树才的同学们聊天谈心。江南介绍，一些校友也出身农村，他们希望向孩子潜移默化地传达一种理念：出身不是你面临的最大困难，只要你愿意改变，就可以通过努力创造美好的人生。

校友们的爱心让树才的孩子们感受到了温暖和希望。他们自发手写了很多小卡片，通过老师送给校友，表达自己的心意。

树才学校学生给贵州校友服务团队手写的小卡片。

“我今年7岁了，我

的爱好是画画和跳舞。在此，我非常感谢你们的帮助，我一定好好学习，长大回报社会。”

“我家很穷，但是要好好学习。今天就要发校服了，我很开心，在学校中跟朋友玩得很开心。”

“你们在设计这套校服的时候，肯定费了不少功夫吧！人间有真情在，爱心捐款暖人心，你们就是鲁迅笔下的人吧。”

“我寄居在叔叔婶婶家，从小被他们带大，爸爸也不常见到，再加上贫穷，我处于一个不好的状态。但是，（这一切）有了转机。老师的教导和叔叔阿姨的捐赠使我能安心地学习。”

1 年后，因政策调整，树才学校被取消，原就读学生被分流到各个公立学校，贵州校友服务团队的试点项目也随之结束。虽然这一变化令人遗憾，但贵州校友服务团队没有放弃在树才学校试点的公益模式，他们将目光投向那些承接随迁子女的公立学校，尝试复制树才学校的经验。

贵州校友服务团队选择了云岩区第一小学（鹿冲关校区）作为继树才学校之后的新试点。这所学校不仅承接了大量随迁子女，还有十几个特殊学生。贵州校友服务团队继续与中国民主促进会合作，从硬件和软件两方面来帮扶学校，为学校捐赠校服 615 套，提供书法、体育、艺术、心理辅导等免费课后服务课程，受到了师生和家长的一致好评。

“现在这个公益项目已经形成自运转模式，只要我们把课表定下来，教师志愿者平台相对应的老师就会自己去上课，哪怕没有校友的陪同，他们自己也会把这件事完成得很好。”江南说。

接下来，贵州校友服务团队计划每年新增 1 所对口帮扶学校，将这一公益模式沿用和推广下去。江南说：“其实这个项目花费的资金并不多，但形成了一种行之有效的模式。我们希望通过这个公益项目，做一个公益平台，将更多人吸纳进来。

对话民进贵阳市委企业家联谊会副会长罗磊

问：您对“同心助学 · 后浪前行”项目未来的思考是什么？

罗：这个项目实际上已经成为中国民主促进会“同心助学”社会服务品牌的一部分。基于过去的实践，我们认为，联合中国民主促进会与长江商学院共同开展公益事业，是一个可行、有效的想法，能够聚合两个团体的力量来持续推动公益，也能够长久地发展下去。

由于进城务工人员随迁子女学校已被取缔，所以现在“同心助学 · 后浪前行”项目关注的是进城务工人员随迁子女学校融入公立学校之后的情况。目前，贵州校友服务团队和民进贵阳市委的分工是比较明确的。首先由我们一起选取学校，然后民进贵阳市委组织力量来安排整个教育资源输出体系，长江商学院这边来负责资金、物资方面的匹配。我们的资金和力量有限，所以项目现在只在贵阳市开展，当整个体系壮大成熟之后，再复制到别的地方。这种方式用熊自立的话来说就是“小步快走”。

问：长江商学院的“无公益，不长江”理念，以及公益与社会创新教育，对您有哪些影响？

罗：公益在长江商学院是一个重要课题。长江商学院唤醒了企业家投身社会服务的想法，将公益基因植入到每一位长江学子身上。我们通常说，长江精神由三点组成：第一是终身学习，企业家之间互相交流与互动；第二是健康风尚，譬如很多企业家进入长江商学院之后开始跑步，爱上了这项运动；第三是做公益，我们现在参与的一些跑步活动也会顺便与捐款结合起来，这样就把公益性和我们日常的互动连接起来。

问：您如何看待商业向善？

罗：长江商学院的朱睿老师给我们开设了一门关于商业向善的课程，内容主要聚焦企业家在企业发展过程中如何为社会做出贡献。这门课对我影响最大。我现在也在努力践行商业向善，就像柯林斯在《基业长青》中所说，每一个社会痛点的背后必然存在巨大的商业机会，那么商业向善就是从社会痛点的角度去看待商业。我现在从事的很多业务也是在往这个方向走。商业向善并不是简单的慈善捐款或者公益捐助，而是不断优化自己企业的基因，让它更好地符合时代的发展趋势。

问：您认为企业家做公益有什么优势？

罗：企业家可以结合自己的实际业务来做公益，这种方式是比较有优势的。比如我从事数据行业，之前我们通过数据聚焦那些需要帮扶的人，这既是我们公司的业务，也是一项公益。2018年联合国在全球选了34个案例，我们的案例就入选其中。我想，随着商业的发展，公益对企业家自身来说，可能是更具有可持续性的事业。

问：您未来在公益慈善方面有什么计划？

罗：目前我还是把主力放在自己的企业上面，公益的话顺其自然。不过，我觉得像朱睿老师讲授的商业向善课程，实际上推动了我国的商业文明。每年长江商学院EMBA都有几百个学员，只要能转换其中的一部分学员，中国的商业社会是能够被改变的。

撰文：岳颖

案例点评

进城务工人员随迁子女的成长一直是城市化发展中面临的难题。由于种种原因，他们往往很难享受到优质的教育资源，又要适应离开家乡，接受新的语言和文化的学习过程。这些都会对他们的学习和身心成长带来影响。因此，通过公益项目支持随迁子女的成长，单纯提供物质上的帮扶是不够的。

长江商学院贵州校友服务团队为了给进城务工人员随迁子女提供更好的教育资源，同时呼吁更多人关注进城务工人员随迁子女群体和教育公平，在“同心助学·后浪前行”公益项目的模式上进行了可贵的探索。

贵州校友服务团队在考察调研的基础上，确定了帮扶方向和试点学校，充分调动起校友们支持当地公益事业的积极性，为项目顺利开展提供了资金保证。同时，校友服务团队选择了近几年发展十分迅速的慈善信托基金形式，为资金安全和规范使用保驾护航。另外，该项目将长江商学院的力量和中国民主促进会丰富的老师资源结合在一起，增强了公益帮扶的辐射力度和广度。“授人以鱼，不如授人以渔”，该项目还搭建了教师志愿者平台，通过为老师赋能，提高教学水平，更好地为孩子们提供更优质的教育，这提升了项目的可复制性和可持续性。

值得一提的是，该项目在开展过程中，能够真切考虑和尊重孩子们的兴趣、感受和心理健康，把保护孩子们的自尊、自信作为重要的出发点，让孩子们在获得教育资源支持的同时，可以更加轻松、快乐地适应环境，努力克服学习中遇到的困难，为成长打下坚实的基础。

在这个项目中，我们看到了关怀进城务工人员随迁子女成长的公益发心，看到了公益项目模式上的创新，也看到了长远规划以及可持续性。同时，这个项目引领大批校友共同参与到公益事业中，展现了长江校友共同的力量和温暖。我们的公益事业还需要更多人积极参与其中，希望这样可持续、可跟踪、可复制、自运转的公益项目能够不断涌现，共同让社会更加美好！

吕全斌（中国基金会发展论坛秘书长）

为青年追逐梦想提供助力

助学 +“一对一导师”赋能

2020 年底，长江商学院江苏校友服务团队换届，第 6 届服务团队走马上任。公益，是长江人的基因，更是他们身体力行的方向。新服务团队成立时专门设立了公益事业部，他们希望以此更专业、更可持续地推动公益。很快，他们开启了一项公益创新项目。

从 2021 年开始，长江商学院江苏校友服务团队在南京大学、东南大学设立了“长江苏友奖学金”，捐助品学兼优、家庭贫困的大学生。更重要的是，江苏校友服务团队创新了“一对一导师”陪伴引导模式，从校友服务团队的优秀企业家中遴选出一对一导师，扶持优秀贫困生创新创业，为大学生做好从学校到社会的衔接。此外，江苏校友服务团队从南京大学、东南大学中遴选、挖掘有商业天赋的优秀学子，特别设立“未来之星励志奖学金”，由长江企业家校友亲自担任导师进行一对一创业规划和指导，提供实践实习、支持创新创业，为国家培养商业领域的未来之星、栋梁之材。

作为传递长江商学院公益精神的项目，长江苏友奖学金及未来之星励志奖学金已运行 2 年，资助了南京大学和东南大学共 120 名品学兼优的贫困学生，60 位商学院学员出任学生导师。

创新

长江商学院江苏校友服务团队成立于 2006 年 7 月，在册校友 1000 多人。江苏校友服务团队以“提高生活品质，促进事业发展，推动社会进步”为宗旨，以满足学院和校友的发展需求为己任，搭建校友与长江商学院之间的桥梁，构筑校友间终身为友的交流平台。

2020 年 12 月 19 日，长江商学院江苏校友服务团队举行了隆重的换届迎新典礼。第 6 届服务团队由长江商学院 CEO 3 期学员、五星控股集团有限公司董事长汪建国担任负责人，EMBA 18 期学员、汇特文化产业（集团）股份有限公司董事长刘涛和 CEO 9 期学员、江苏肯帝亚木业有限公司董事长郦海星负责执行，EMBA 14 期学员、江苏誉丰投资有限公司总裁薛菲出任秘书长，由各期、各界、各城市推选出来的杰出校友代表担任副秘书长和理事等职务，正式开启第 6 届服务团队新的服务篇章。长江商学院江苏校友服务团队秉承了“积极奉献社会，支持学院发展，全心服务校友”的宗旨，坚持以“注重终身学习和社会责任”为核心的校友文化，致力于建设一个有底蕴、有特色、有影响、有温度、有激情，充满活力和凝聚力的校友交流平台。

“无公益，不长江”。换届典礼中的重要环节，同样少不了公益。当晚，爱心慈善拍卖活动热烈上演，拍品来自长江校友自发捐赠，在座的校友热情洋溢、纷纷出价。一场公益拍卖，很快就筹集了 200 多万元善款。慈善拍卖所得将全部用于成立第 6 届江苏校友服务团队慈善基金，专项用于江苏校友服务团队公益项目。

为了更好地践行公益，服务团队推选一直坚持公益奉献的校友企业家们成立了江苏校友服务团队公益事业部，共同赋能公益项目。公益事业部负责人由 EMBA 2 期学员、江苏校友服务团队副秘书长戴雨薇担任。戴雨薇深谙商业，同时在业余时间一直坚持做公益，长达 15 年之久。她曾以私人帮扶的形式对一些大学生进行学业和创业就业辅导，也通过捐赠基金会的方式帮扶一些大学生。这些公益实践和经验，让她在负责公益事业部工

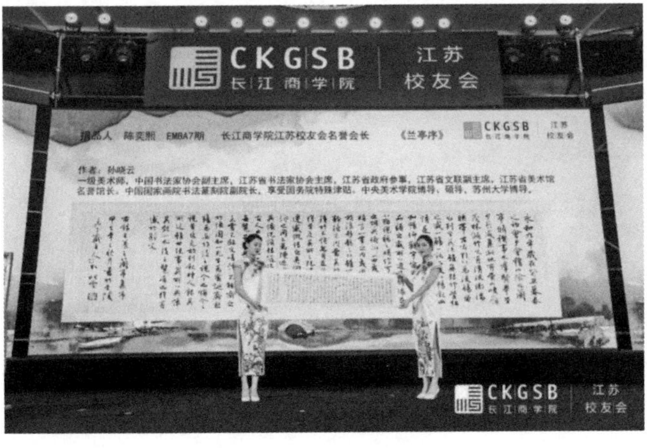

长江商学院江苏校友服务团队换届迎新典礼爱心慈善拍卖环节。

作时有了更专业的思考。

她介绍说：“校友服务团队负责人汪建国高度重视江苏校友服务团队公益事业部的公益项目选择和落实，在刘涛、郦海星和薛菲的支持推动下，经过多次会议讨论，最后大家一致同意把大部分公益基金用于在江苏高校设立奖助学金。同时，大家认为这不应该是公益的全部，因为学生缺乏的不只是金钱，还有对未来人生方向的思考和发展的资源、机会。所以我们更多在思考应该如何利用这笔公益资金，从传统的捐资助学走出来，将长江商学院优秀企业家群体的社会资源与助学公益更好地挂钩。”

赋能

在戴雨薇看来，江苏是文化和教育大省，长江商学院江苏校友服务团队公益事业部在南京大学和东南大学开设长江苏友奖学金及未来之星励志奖学金，可以将苏商的精神和文化以帮扶大学生的形式延续下来。

与传统助学项目不同，江苏校友服务团队的助学项目主要分为两大块，一个是助学，一个是赋能。助学以发放奖助学金的形式资助两所高校的学生，而赋能则以导师与学生结对帮扶的形式开展。

经过调研，长江商学院江苏校友服务团队公益事业部了解到，一些大学生尽管有优秀的学习能力和一定的创新思维，但在经济形势与政策研究、未来行业发展、职业方向选择、待人接物的职场经验等诸多方面，都需要有人指导和引领。长江商学院江苏校友服务团队秘书长薛菲说：“大学生活对年轻人而言是非常重要的人生阶段。大学生对未来很容易感到迷茫，因为他们不清楚未来发展的方向。此时，如果身边有经验丰富的长者能给予他们一些指点或辅导，他们将受益颇多。长江的校友企业家们有各自丰富的资源、成功的经验，可以提供不同的视野、角度，这必然对大学生的人生定位和职业选择有指导价值，能让大学生以更高的认知和更成熟的思考看待未来的人生。”

通过一对一导师帮扶，企业家既能为大学生赋能，辅助他们打开视野，摸索人生定位与职业选择，给他们提供实习机会，也能为企业管理储备人才。然而，相比发放奖助学金，一对一导师帮扶的落地并不容易。大家集思广益，积极出谋划策，决定采用“导师微课堂”的形式来实现导师赋能——江苏校友服务团队的企业家们通过线上、线下“微课堂”，与结对的学生一对一交流。

在一对一微课堂之外，项目还计划开展特定主题的“集体大讲堂”，邀请企业家与学生深度分享创业经历和人生经验，从而在精神上陪伴、引导及鼓励大学生。

这一公益模式有效地将江苏校友服务团队的优秀企业家及其社会资源与助学结合起来，不仅是持续有效的经济资助，更重要的是宝贵的智力支持。

种子

两年来，申请奖（助）学金的大学生在学业上都相当优秀。在南京大学2022年度长江苏友奖学金30名获选者中，10名学生学习成绩排名年级（或专业）第一；7名学生大学期间曾获国家奖学金；2名学生曾获评“江苏省三好学生”；2名学生曾获评“江苏省优秀学生干部”。

奖学金获选者将连续3年获得每年6800元的资助，这对贫困学子而言，无疑是重要的经济支撑。事实上，经济问题及由此带来的文化资本匮乏，在很多方面制约着贫困大学生的个人规

南京大学2022年度长江苏友奖学金评审会。

划与发展。

东南大学学生王瑞记得，大二那年，当不少同学报考雅思考试、筹备留学事宜时，他甚至没办法轻松支付 2000 多元的雅思考费。他还记得，从图书馆回寝室的路上，他收到了奖学金汇款提醒，顿时感到眼前的生活突然轻盈起来。来得及时的奖学金使他能承担考试费用。

来自机械工程学院的学生刘洋，也是在获得奖学金后，才得以参与一个关于非线性电磁超材料研究的创新训练项目。此外，他用奖学金购买了《电磁场与电磁波》等价格高昂的专业书籍，用以提升自主学习效果。

除了经济支撑，获得奖（助）学金于学生而言，更是精神上的鼓励与认可。

获得长江苏友奖学金之前，王瑞的学习并不特别出彩，且性格腼腆，沉默寡言。获得奖学金后，他整个人的状态大为改变。在人群中，带着眼镜文质彬彬的王瑞总挂着阳光开朗的笑容。

“获得奖学金让我感到自己能通过努力得到别人的认可，能被提供一些帮助，这是一种莫大的鼓励。”王瑞说。

如今，他担任学生资助宣传大使，传播高校资助育人政策，负责对拟受资助学生进行家庭困难审定，帮助他们完成奖（助）学金申请。他走访社区的高三学生，为贫困生赠送宣传物资，鼓励他们考上一个好大学。

2022 年，王瑞荣获东南大学“优秀学生资助宣传大使”称号，总计宣传人数超过 350 人，累计宣传时长 40 多个小时。

东南大学教育基金会颁发给校友的奖学金捐赠证书。

“奖学金就像一颗种子，让我们在努力时，意识到这个世界还有很多人会无私地帮助我们。”王瑞说。

王瑞也想将这种被认可的心情传递给其他学生，“但是我现在只是一个学生，我不能直接给大家发钱或发奖金。我只能做一个桥梁，让大家更多了解到国家和社会其实有在为我们这些普通家庭出来的同学提供一些帮助。”

如今，学生刘洋有很多称号：机械工程学院科创部主任、东南大学机器人俱乐部 3SE 战队飞镖兵种结构组干事、优秀志愿者、学习优秀生、机械创新设计大赛一等奖获得者。他还参与过三项校级及以上级别的 SRTP（大学生科研训练计划）项目，其中包括一项关于微型飞行器全自动填充系统研制的国家级项目。很难想象，大一的刘洋还处于迷茫状态，不知道未来何去何从。

“高中时，只要考一个好大学就行，没人告诉我们未来的路怎么走。刚步入大学时，面对崭新的生活，我参加了很多活动，但又不知道自己怎么做才是对的。”刘洋回忆。

收到奖学金之后，对自己未来发展的方向，刘洋看得更加清晰，“奖学金像翅膀一样，为我们追逐梦想提供助力”。

在过去十几年的公益帮扶事业中，江苏校友服务团队公益事业部负责人戴雨薇深感当前年轻人的与众不同。“过去的学生，如果拿奖（助）学金，内心是很自卑的。时代不同了，现在的孩子们可能思想更开放，不自卑，非常阳光自信。”

对江苏校友服务团队而言，公益不是“为了公益而公益”，而是细水长流、脚踏实地的过程。即使校友服务团队此后换届，这个助学 +“一对一导师”赋能的公益项目依然会持续下去。

对话江苏誉丰投资有限公司总裁、长江商学院江苏校友服务团队秘书长薛菲

问：长江商学院的“无公益，不长江”理念，以及公益与社会创新教育，对您有哪些影响？

薛：长江商学院江苏校友服务团队主要提供三大块的建设。第一个是终身学习，第二个是践行公益，第三个是健康风尚。终身学习主要是针对校友的，践行公益是因为长江商学院高度重视企业家的社会责任和担当。培养企业家的人文关怀、社会责任及全球担当，是学院发展的一个重要使命。我们长江商学院有几十个校友服务团队，每个校友服务团队都秉承着长江的公益精神——“无公益，不长江”。

这种理念和创新教育致力于引领中国最具影响力的优秀企业家群体践行公益责任，同时帮助校友企业家从富足的生活走向丰盈的人生。“无公益，不长江”的精神深深融入了每一位校友企业家的血液当中。

正是在这种背景下，长江商学院江苏校友服务团队特地成立了公益事业部。

问：近年公益与商业融合的社会创新理念成为新风尚，对此您怎么看？您怎么看待商业向善？

薛：实际上我们也是基于商学院的精神，鼓励品学兼优的学子们持续努力。我们不仅以经济形式支持他们，而且更多希望为他们

种下一颗未来创业或奋斗的种子，让他们在未来创业路上或者发展上有明确的方向和目标。同时，我们也希望他们能够善用这些奖励，将来通过自身努力回馈社会，继续传递、践行公益精神。

问：接下来，你们在公益慈善方面有哪些计划？

薛：我们放在东南大学和南京大学的2个项目每年需要60多万元，3年就是180多万元，剩下的钱我们计划做“爱的图书馆”。因为阅读是实现人生价值的核心能力，是人类获取知识、增长智慧的重要方式，是一个国家、一个民族精神发育和文明传承的重要途径。同时，为积极响应党中央发出的“倡导全民健身和全民阅读，使全社会充满活力、向上向善”的号召，长江商学院江苏校友服务团队特别推出“长江公益悦读会”，旨在号召长江企业家百战归来再读书，鼓励企业家终身学习，践行社会责任，引领带动全民阅读。

长江商学院江苏校友服务团队联手总裁读书会定制了长江校友的公益悦读云平台，校友们支付399元的年费，便可加入长江公益悦读会，获得大咖推荐领读的书库，在和长江校友一起享受知识盛宴的同时奉献自己的爱心，参与公益项目。总裁读书会捐出所收款项，同时江苏校友服务团队公益事业部进行1∶1配捐，所有爱心捐款由江苏校友服务团队和总裁读书会共同定向捐赠给鸿基金的“爱的图书馆”公益项目，帮助贫困山区的孩子搭建多间“爱的图书馆”，给他们一个充满书香的世界。每本书都带着爱，带着期许和希望，帮助他们找寻成长的目标，收获成长的力量！

目前，“爱的图书馆”已经在淮安和宿迁的两所学校落地两个，我们计划在江苏省各市都捐建一个“爱的图书馆”，将我们的爱心种子洒向江苏大地。

同时，我们也参与“99 公益日”。雨薇秘书长每年都发起募款号召，我们与南京市慈善总会也有很多协同和合作项目，今年也会继续往下再落实。

未来，我们还会把亲子公益做起来。我们之前做过红山森林动物园的项目，今年我们会与江苏校友的俱乐部和公益事业部联动，在暑期将亲子公益落实下来。

撰文：孙杨

案例点评

在经济发展和社会进步的过程中，企业家是一股重要的力量和稀缺的社会资源，他们以勇于创新、实干和拓展的精神，为社会财富增长和物质丰富做出了积极贡献。同时，企业家不仅资助支持公益项目，同时更积极参与公益活动，体现了他们的社会责任感和使命感。他们身上所普遍具有的创新进取精神，既为公益行业带来了新鲜的思想和做法，也为社会树立了积极担当的企业家形象。

教育助学是我国公益慈善行业非常重要的领域，从20世纪80年代末的希望工程，到目前网络公益平台上数以万计的各类助学项目，它们既显示了社会的巨大需求，也表明各界对教育的重视。随着经济的发展，我国对教育领域的投入加大，教育领域的公益项目也从传统的资助救济型慈善逐渐向当代的发展型公益转变。

做教育公益项目容易，但是做新、做好、做出彩不容易。影响个人未来发展的一个重要因素是青年时代的人生规划。一般意义上来说，农村家庭或经济困难家庭的孩子在职业发展中后劲不足，很大的原因在于视野局限，缺少来自家庭的支持。这个支持不只是经济方面的，还有职业发展、未来人生规划方面的引导和指导。

长江商学院江苏校友服务团队发起的助学+“一对一导师”赋能项目，以奖学金为抓手，以导师赋能、学生成长为导向，是一个非常创新的有前瞻性和综合视角的助学项目，对优秀但可能经济困难的学生在经济，特别是人生规划和成长方面可以起到很大的助力作用。此项目在今后如可以再融入一些同学互助、社群营造、公益精神传承等元素，将会有更好的效果。比如成立南京大学和东南大学苏友会爱心社等，把获得奖学金支持的同学以学生志愿社团的形式组织起来，开展更多的交流互助活动。无论是学校学习、就业创业还是参与公益等方面，同伴的交流、鼓励和促进有时能发挥事半功倍的作用，同时还可把创业和公益精神薪火相传。另外，如果企业家们可在受助学生中选拔有一定创新创业精神和能力的学生定向进行就业创业方面的培育辅导，包括后续提供种子基金的支持，对受助学生的成长和职业发展也会产生更长远的影响。

我希望更多的长江商学院校友，以及社会上更多的企业家和爱心人士，能够从这个项目中获得有益的启示，不断创新，在助人和服务中寻找生命的意义，实现助人者和受助者的人生价值，共同成长、相互成就。

凌春香（爱德基金会秘书长）

《周二直播间》

凝聚长江智慧，赋能中小企业

浩浩荡荡20余载，长江商学院不仅孕育了公益实践，思想与智慧也在其间交流碰撞。2021年，长江商学院MBA2020级深圳班、北京班、上海班、英文MBA校友共32人参与创办了《周二直播间》，这正是长江思想之水的一次汇聚与传递。

《周二直播间》以社会热点和财经时政为核心，邀请57位长江校友、11位各行业专家作为嘉宾，共推出“家族慈善传承”“出行的革命”“数字经济时代的反垄断”等16期主题，帮助校友及社会企业洞察行业机遇、优化商业模式、创新组织管理，用长江校友的智慧与力量赋能中小型企业创新创业。主题内容在“长江大讲堂”“长江视频号”“MBA China”等平台播出后，累计观看人数超过10万人次，北上深三地项目组共汇总并咨询企业问题271件。

集体的智慧

这一切都源于长江商学院 MBA 2020 级“山中王 ”拓展队的一次灵感碰撞。

每年 MBA 新生入学，长江商学院都会举办开班典礼，项兵院长也会发表开班演讲，鼓励企业家们勇于承担社会责任。在 MBA 2020 级的开班演讲上，项兵院长对新生们说：“18 年来，长江的奋斗目标之一就是为中国乃至全球培养新一代商界领袖，他们具备全球视野，注重人文关怀，富有创新精神。在长江，你们不仅要学习知识，更要培养你们的人文关怀与社会担当精神。”

同学们坐在台下，心潮澎湃、备受鼓舞。此时，“山中王”拓展队队长刘举萌生了一个想法：我们是否可以以 2020 级的名义，策划一个具有社会价值的项目，既能体现长江校友的社会担当，又能为社会留下精神财富？

作为中国城市公共交通协会的前会长，“60 后”刘举是年级出了名的“老大哥”。同学眼里的他“兼具能力与思想智慧，又具备战略思维、家国情怀”。他总能提出新颖的想法，令同学们大为惊叹。

有了初步构思，2020 级“山中王”开始群策群力，讨论该策划什么类型的实践项目。

“山中王”拓展队秘书、MBA2020级深圳班的张珂歆曾是蚂蚁集团高级组织发展专家，拥有10年的组织策划经验，举办过多起企业高层的直播赋能活动。一提到社会价值、思想财富，她立即想到：“每一个来长江商学院读书的同学都非常优秀，他们已经是专业领域的佼佼者，具有很强的思考能力与社会引领性。我们能不能把他们的思想智慧聚集起来，通过直播的形式再传递给长江校友，赋予他们更多能量？”

“授人以鱼，不如授人以渔。”不同于以往捐钱、捐物资的项目，以直播形式传递长江校友智慧的提议令同学们眼前一亮。随后，同学们开始讨论直播的细节。“长江的同学们一般是企业家或者企业的中高层管理人员。他们通常在周一开会，周三后忙着处理本周的工作和下一周的规划，周末又要上课、陪家人。那么，在周二的晚上开设直播是最合适的时间。”

刘举则从国家战略出发，对项目提出了更高的要求。2015年，“大众创业、万众创新”的“双创”政策被写入《政府工作报告》。“长江的生命力不仅体现在资金支持上，更有源源不断的长江智慧。我们要把这份智慧赋能给谁呢？大企业不太需要。如果能将这份智慧传递给中小企业，那么既解决了实际问题，又能贴合国家时政，一举两得。”

长江速度，说干就干。2020年11月，以“凝聚长江智慧，赋能中小企业”为使命的《周二直播间》项目正式启动。

从想法到落地

想要从 0 到 1 搭建直播活动，需要人员筹备、团队磨合、直播彩排……对于一个非专业的草根团队来说，难度系数瞬间飙升。

张珂歆坦言："即便我有 10 多年的组织策划经验，也参与过直播活动，但并没有全盘负责过一档直播节目的落地。想让节目落地，具有很大的挑战性。你需要搭建筹备组，策划直播主题，邀请嘉宾，准备直播场地与设备，还需要策划直播互动、现场运营、场控，等等。"

挑战面前，张珂歆没有退缩。项目启动后，她主动承担起《周二直播间》的总策划、总指挥工作，紧锣密鼓地筹备，为直播定下基调，规划直播主题与风格。

考虑到疫情之下中小企业可能面临的种种困境，《周二直播间》的选题定位在企业节能增效、品牌传播等企业经营相关话题。当企业发展到一定阶段，会面临转型上市的新问题。为此，张珂歆又为《周二直播间》设计了 IPO（首次公开募股）等相关模块。

在直播风格上，张珂歆参考了脱口秀风格，采用"嘉宾 + 主持"的模式。"我们的直播不仅要传播知识，更重要的是要从十分有趣的点、线、面入手，直击创业者在成功之外的矛盾与困境。我们的初衷不是听大佬们的'开挂'人生，而是在学知识的同时，感受企业家们如何历经困境后重塑。"

凝聚长江的力量，少不了全国各地的思想汇集。张珂歆与深圳班学员黄飞联手，并发动全国各地的长江校友，搭建起了《周二直播间》的主创团队。MBA 2020 级学员王松、蔡群、黄飞分别担任北京班、上海班、深圳班三地的对接人，负责每一期的直播落地，工作包括策划内容、对接嘉宾、现场运维等。刘举是《周二直播间》的总顾问，为每一期内容出谋划策。MBA 2020 级学员李晓程作为技术总控，全盘负责直播技术问题。赵冬晴为创意总监，负责为栏目提供创意。

直播主题、主创团队确定后，下一步就是准备直播场地与设备，这也是最困扰张珂歆的一环。为此，她和刘举找到长江商学院的老师们寻求帮助。听闻《周二直播间》的理念与创新模式，长江商学院的老师们大加称赞，尽最大可能提供选题策划、嘉宾对接、直播场地等各种支持。他们帮助北京班、上海班、深圳班三地联系直播场地，并提供一整套专业设备，用于拍摄、剪辑等。

2021 年 1 月 12 日，在长江商学院提供的直播场地深圳校区图书馆，仅仅筹备了 2 个多月的《周二直播间》首场直播开播。

主持、嘉宾到场，场控人员就位，直播摄像头、话筒等设备一切准备就绪……张珂歆站在镜头后，紧张着、期待着。

深圳市前海科创投控股有限公司研究总监、长江商学院 MBA 2020 级深圳班学员张万兴作为首场“带货”主播，以“战略心法——后来者如何赶超”为题，分享前海深港现代服务业合作区在科技创新领域的成功案例，为长江的中小企业家解读企

《周二直播间》总策划张珂歆与总制片黄飞合影。

业如何在新赛道上突破重围，赶超前者。

“如果你的企业要做战略的话，你也可以试着‘站到月球来看地球’，思考你在更大的链上、网上有什么价值，怎样发挥更大的价值。”1个小时的直播里，张万兴的分享干货满满。后半程中，他和主持人赵冬晴与直播间的观众热情互动，围绕企业创业创新答疑解惑。

“第一次直播，我们没有考虑到场地灯光，直播的观感并不理想，也出现了两三次掉线的情况。”张珂歆说。尽管如此，首场直播的反响依然热烈，受到长江校友、老师们的追捧，“在长江，我们不仅能学到知识，还有源源不断的思想与智慧。”“《周二直播间》令人惊喜！一档同学自己发起的节目，干货满满，期待未来产出更多的直播内容。”

这些反馈激励着张珂歆团队继续前行。“人工智能与 AI 技术在行业的应用”“新形势下的 PE 投资策略”“数字时代下整合营销新趋势”……第一季十期的直播有条不紊地进行着。在长江商学院各主流媒体平台的宣发支持下，《周二直播间》从星火到燎原，全季累计观看人数达到两万人，官方微信公众号和视频号的阅读、点赞量达到一万次。

长江三人行

在张珂歆团队看来，《周二直播间》第一季还存在诸多不足，其中最大的问题在于内容的趣味性。

“为什么每场直播的前三十分钟在线人数很多，一旦到了后半程就会变得很少？我们反复讨论，发现问题的根源在于内容。第一季采取的是‘嘉宾 + 主持’的形式，直播间以结构化的模式进行。嘉宾先讲，再结构化提问，这很大程度上阻碍了嘉宾的思维，导致他们爆的料不够多，没有展现工作外的一面。其次是每一期都在解决具体的问题，缺乏展现具体问题背后引人深思的其他面向。”张珂歆说。

2021 年 5 月，《周二直播间》第二季正式启动。张珂歆带领团队开展多方调研，在直播内容上实现了较大突破。

相比第一季节目聚焦在企业管理方面，第二季的选题更加多样化，节目融入“长江风貌”内容模块，关注长江商学院的公益心和校友情。此外，张珂歆还邀请到拥有大型公益项目经验的 MBA 2020 级深圳班学员郑红叶作为团队宣传总负责人及公益价值的把控者。在商业板块，节目选题也更贴合社会热点与财经时政。

受到《锵锵三人行》启发，张珂歆希望将其模式复制到《周二直播间》上，打造长江的商学访谈式脱口秀。“由一个风趣幽默的主持人引导全局，企业家分享实战经验，专家提出深刻洞见、前沿思想。”

每次直播前，三地对接团队会在全校范围内开展话题调研，收集校友们最关心的问题，穿插到直播内容当中。同时，团队会带领嘉宾、主持彩排串词，挖掘内容背后的爆点，在合适的地方添加趣味性对话。

2021 年 5 月 11 日，第二季《周二直播间》首期内容“以我的名字辉映你——戈壁挑战赛 MBA 冠军专访”开播。5 月 5 日，长江商学院在第十六届玄奘之路商学院戈壁挑战赛中摘得四 A 大满贯。张珂歆团队仅用 1 周时间选题、策划，以戈壁挑战赛 MBA 成长史为主线，邀请 2020 级唯一代表程加志及戈 14A 队成员，戈 15、16 陪练员蔡柳萍做客直播间，共同回忆这支“在巨人肩膀上成长起来的队伍”如何在 3 年内 2 次夺冠，7

“以我的名字辉映你——戈壁挑战赛 MBA 冠军专访”直播现场。

分多配速的跑步小白如何成为 4 分半冲 A 大神的故事。直播还原了穿越茫茫戈壁的辛酸苦涩与囧事趣事，“不负兄弟，不负自我”，笑中带泪，令无数校友哽咽。

2021 年，国家层面进一步完善反垄断基础性法律制度。《周二直播间》紧跟社会时政，邀请华东政法大学数据法律研究中心研究员孙英、京猫电子商务股份有限公司创始人张敏、美团高级产品经理陈雅娴，推出第二期直播“数字经济时代的反垄断”。嘉宾们从法律和平台视角解读反垄断的本质，分析“数字权力”给传统企业和互联网企业带来的影响、机遇与挑战。

这一直播内容启发了多家中小企业，来自直播间的长江校友们也纷纷提问："如何从企业视角看待反垄断？""平台垄断如何影响企业经营？""互联网平台从业人员应该如何应对反垄断？"嘉宾们则一一解答。

第二季《周二直播间》第三期则迎来重磅嘉宾：中国城市公共交通协会前会长、北京金地停车服务有限公司董事长刘举，与原滴滴出行金融板块用户教育负责人、得财 AI 课创始人赵虎。嘉宾们分享的主题是"出行的革命"。刘举从公共出行的百年历史出发，探索城市交通出行领域未来将会面临怎样的变局。而赵虎则分享了对共享出行市场的洞见，探究风口起落背后的规律。

如何让长江校友企业的财富变得更有价值？这是《周二直播间》策划团队一直希望探讨的话题。为此，他们邀请华南师范

"数字经济时代的反垄断"主题直播嘉宾与本地执行团队合影。

大学教授、深圳国际公益学院院聘教授唐昊与广东省和的慈善基金会秘书长、长江商学院 EMBA 34 期校友汪跃云，分享财富向善与家族精神传承理念，剖析物质财富传承与精神财富传承联动发展的内核，共同破解“富不过三代”困局，并探寻如何运用“慈善信托 + 基金会”双轨模式，使慈善资金运用得更加科学。

2021 年也是国潮崛起爆发的一年，《周二直播间》顺势推出“国潮崛起，强国有我”主题直播。长江商学院战略学教授滕斌圣，长江 EMBA 13 期校友、和伙人信息科技有限公司 CEO 邱朝敏，中关村百人会天使投资联盟发起人肖庆平做客直播间，分享自己对新消费模式的洞见。直播间的观众十分活跃，抛出引人深思的问题，嘉宾们分别从品牌传播、私域营销方面答疑解惑，帮助企业找准品牌建设痛点，做好战略布局。

“出行的革命”直播现场。

教学相长，相互促进。这些饱经风雨的商业大咖们，通过一次直播，也收获了久违的价值感与新鲜感。

“《周二直播间》让我感触很深的，不是形式，也不是内容，而是每一位组织者和参与者的态度——大家都在努力把事情做好，都在追求对别人有所帮助，都想赋予这件事情更大的意义与价值。在这个过程中，我们每个人也收获了意义感和喜悦感。”第一期嘉宾张万兴说。

嘉宾陈旭也分享了自己的感受：“《周二直播间》搭建了如此优质的学习交流平台，让我成为潜在‘网红’，希望有更多优秀的人成为周二主播，期待直播间更加精彩的节目。”

“《周二直播间》带给我分享交流的机会。在这个过程中，我收获了新的知识和领悟，并发现了自己的不足。作为《周二直播间》的忠实观众，希望这个节目可以长期办下去。”嘉宾徐萌说。

团队的力量

迄今为止，《周二直播间》共播出两季，16 期，累计观看人数超过 10 万人次。一场场直播背后是幕后团队无数个日夜的辛苦付出。他们经常开玩笑说：“以后我们都能改行做专业直播了。”

深圳 - 上海 - 北京 - 深圳，作为发起人、总策划，张珂歆已经数不清 1 年内往返过多少次直播场地，与三地的对接人开过多少次会，和嘉宾们有过多少次彩排。

北京班、上海班、深圳班的对接人也付出了巨大的努力。“从选题策划到嘉宾邀约，再到主持与访谈稿撰写，现场直播执行，我们的三地对接人付出了太多。主创团队的同学们都很忙，大家都有自己的工作，出于时间协调的原因，我们很多会议都定在了晚上 9 点开始，有时候到凌晨两三点才结束。”张珂歆说。

为了提高直播质量，三地执行团队也想了很多办法，租借设备、远程调控、专业团队支持……北京班对接人王松更是自掏腰包，以十几万购置了一整套高品质的直播设备，还外聘了专业的直播运维人员，从而保证每场北京班的直播都将专业的画质、画面展现给长江商学院的老师、校友们。《周二直播间》的播出品质及直播效率收获了观众的一致好评。

“《周二直播间》是我们长江商学院 MBA 的同学们展示自己的舞台，同时也是被学院认可的官方节目。参与直播的同学们都有高超的专业水平，怀着满满的热情。”王松说。

上海班对接人蔡群表达了作为幕后团队的感受：“每次直播播出，我们的内心都十分忐忑。但到最后，所有紧张情绪都会被同学们带来的快乐冲散。我们不仅能够听到优秀同学的分享，更开心的是，可以和同学们一起分享自己的故事。这种同学间友情的升华，使我感到无比幸福。我至今都对萌萌、柏桦的分享记忆犹新。”

2020 年底，《周二直播间》团队承接了长江商学院 MBA 2021

新年主题联谊活动“送你一朵小红花”。他们需要在大年初五完成一场跨越 31 个城市，5 个国家，4 种语言的线上直播。晚会中，还有不同地区的乐队一起演出节目，这对直播技术提出了很高要求。

“送你一朵小红花”对《周二直播间》技术总控李晓程是个不小的挑战。他测试了几乎所有的直播平台，一个一个节目沟通、调试，更是调动全家力量，和太太、孩子在同一时间，不同环境中，用不同的设备登录，每天直播测试两到三轮，精益求精，不放过任何一个细节，这才确保了直播全程无意外状况发生。

新年主题联谊活动“送你一朵小红花”。

“一个草根团队输出一场跨越 5 个国家，完全没有故障的高质量直播，连后来介入的专业团队都觉得不可思议。”张珂歆说。

取势、明道、优术

在张珂歆看来，《周二直播间》与长江的核心价值观“取势、明道、优术”一脉相承。“‘势’是国家政策、社会热点，‘道’是学校提供的课程与专业指导，‘术’则是《周二直播间》为长江商学院打造的相互交流和学习的直播节目，帮助校友及社会企业洞察行业机遇，用长江校友的智慧与力量赋能中小型企业创新创业。”张珂歆说。

《周二直播间》对“优术”的探索不只停留在直播层面。

为了更好地赋能长江校友的中小企业，《周二直播间》团队专门研发小程序，在金融、科技、智能制造、企业管理、行业策略等方面形成商业智库，并向长江校友的社会企业开放，为其提供行业问题的解决方案。

此外，《周二直播间》团队还成立了幕僚团与大咖汇，帮助企业解决实战问题。“幕僚团由长江商学院非常牛的老师、行业专家组成，大咖汇则聚集长江的企业家们，这样就构成了一个非常强有力的咨询顾问团队，帮助企业解决具体问题。在疫情之下，我们落地解决了二三十起企业问题。”

2022 年，《周二直播间》荣获“年度长江公益项目”。创作团队对学校充满感激之情:“没有学校的支持就没有如今的《周二直播间》。为了激发同学们的社会创新热情，学校老师们无论在选题策划、宣发推广上，还是直播设备上都给予了我们无私的帮助和支持。”

“公益不是一个人的单打独斗，它是具有社会价值的集体活动，公益人要从需求方的角度出发，解决他们的真实问题。”进入长江之后，张珂歆也发现，她所见到的每一位校友都怀有一颗热忱的公益之心。在了解了《周二直播间》后，校友们无一例外地表示了支持，希望在自己力所能及的范围内提供帮助，贡献自己的力量。通过《周二直播间》，张珂歆也结交了一批志同道合的公益人。

对于项目的未来，张珂歆满怀期待，“我希望《周二直播间》可以传承下去，长期、可持续发展。它需要商业化的团队加以运营，所以我也号召更多伙伴加入《周二直播间》团队，把长江的智慧传递下去。”

对话长江商学院MBA2020级深圳班学员、《周二直播间》总策划张珂歆

问：《周二直播间》的 logo（标志）非常具有设计感，可以介绍一下它的设计理念吗？

张：总设计灵感取自摄影机的镜头，代表真实记录与价值传播，与直播呼应。三个圈由蓝色与橘黄色组成。外面的两个圈取自长江色——蓝色，最中间的橘黄色与我们MBA的主色调一致，非常具有向心力和生命力。而三个圈又分别代表了长江商学院的核心价值观：取势、明道、优术。“势”是国家大的方针政策，“道”是学校提供的课程、指导，“术”则是《周二直播间》为校友企业带来的价值。

右下角的“Tue.LIVE”撑起小小的一片空间，一方面代表着节目与长江商学院核心价值观相呼应，是对长江文化价值观和长江校友智慧的传承。另一方面，《周二直播间》也将努力成为学校的明星栏目，肩负起社会责任。而 Tue.LIVE 也将三个圈的空间连接了起来，代表周二直播由长江商学院北京、深圳、上海三地班级联合呈现，是长江多方力量的一次大融合，是长江同学们的思想盛宴。

问：项目实施以来最大的挑战是什么？

张：我们主创团队的同学们都很忙，大家都有自己的工作，忙着自己的事情，这就需要我们付出非常多的精力才能完成好每一期

直播。以“送你一朵小红花”新年直播为例，因为时间紧任务重，我们每一次会议都定在晚上11点开始，凌晨2点结束。大家上了一天班，甚至很多同学晚上还有应酬，应酬完稍微清醒一下就开始我们的会议。我今天再去想一想，可能从公司层面都很难做到大家这般无偿、义务的付出。

另一个挑战是我们一群非专业人士尝试做一个专业的、拿得出手的“商学脱口秀”栏目。我们需要在前期设备准备、嘉宾邀约与共创、内容主题策划、直播互动及现场运维等各个环节投入大量精力，也需要有很强的敏锐度与责任感。大家彼此开玩笑说：“以后我们都能改行做专业直播了。”

问：您如何看待长江商学院的“无公益，不长江”理念？

张：长江的公益绝对是非常务实的公益，比如我们一年一度的戈壁挑战赛。在戈壁挑战赛之外，长江捐款修建水渠，还开发了“善果·枸杞”品牌，通过商业化销售来帮助一个荒漠化的村庄。如今，小村已经变成一个非常有活力的村庄了。我们长江的企业家都是脚踏实地干实事的企业家，我们做的公益跟那些仅仅捐钱的公益完全不一样。“用钱”的公益和“用心”的公益是不一样的，那种成就感和荣誉感完全不同。

问：经过在长江商学院的学习，您对公益的理解发生了怎样的变化？

张：我很小就接触公益。我的母亲是当地的妇联主席。1998

年，全国洪灾暴发，妇联组织过一个“代理妈妈”的活动，有两个来自河南省贫困县、父母双亡的孩子来到我家，和我同吃同住。我也被送到河南乡村住过一段时间。活动结束后，我母亲负责两个孩子全部的学杂费、生活费。那段经历对我来说非常难得，也是第一次感受到公益慈善的力量。在别人最需要的时候帮他们一把，可以改变他们的一生。

加入长江商学院之后，我系统地学习公益知识，也慢慢领悟到，公益一定要发自对方的需求，解决对方的问题，而不是自说自话。前几年发生过很多啼笑皆非的“公益”，比如，给养老院老人一天洗七八次脚。为了完成工作而做公益，这不能被称为公益。

问：长江商学院的课程给您的思维带来了哪些改变？令您印象最深刻的是哪一堂课？

张： 印象最深的是薛云奎教授的财务课。薛云奎教授非常风趣幽默。他教会我如何透过财报发现隐藏在企业背后的价值和秘密。在此之前，我理解的财务还是比较肤浅的，总感觉它和我所学习的人力资源专业没有什么关系。上了老师的课之后，我会利用财务报表发现公司的内在价值，透过数字运营去理解公司的战略与风险，从而改善公司的管理，这对我启发非常大。

问：对于公益与商业融合的社会创新理念，您怎么看？

张： 公益与商业融合的社会创新理念也是我一直在努力学习的方

向。公益本身具有价值导向，而企业是以经营为导向的，两者完全可以融合。对于商业来说，它要有公益性，创造社会效益。对于公益来说，它要以商业思维、手段来提高效率，目的是相同的，就是创造出对社会有益的、可共享的价值。

朱睿教授的社会创新与商业向善实践课程有讲到“激励相容”，即用创新的方式解决社会问题，推动社会进步，最终达到经济、社会与自然的和谐发展。既能解决社会问题，又能创造收益，如此公益与商业融合的社会创新才能具有强大的生命力，实现可持续发展。

撰文：张琢

案例点评

9年前，我带着“公益机构应该怎样拥有创新意识、高效的执行力和全球性的影响力”这个问题，来到长江商学院，成为EMBA25期3班的一员，系统学习如何以商业化思想经营公益事业。长江公益是中国创新公益理念和实践的引领者及推动者，积极倡导有情怀、有社会责任担当的新商业文明。长江商学院MBA2020级深圳班、北京班、上海班、英文MBA32位校友创办的《周二直播间》，以直播形式传递长江校友智慧，赋能中小企业，创造公益新形式，践行长江公益理念，彰显了长江校友的社会担当。

从一个人的想法到一群人的使命；从第一季的聚焦企业管理，到第二季的选题多样化；从一个直播间公益单品到商业智库小程序、幕僚团与大咖汇等多个公益产品。你们以自身的专业知识，兼职去做专业直播，投入宝贵的时间、精力，我不仅感受到了你们对公益的热情与赤诚，你们将长江的核心价值观“取势、明道、优术”内化为实际行动的努力，也看到了你们的专业公益素养和能力。做公益需要热情，但光有热情还不够，美好愿景和使命的落地还需要运用现代的公益方法。“公益不是一个人的单打独斗，它是具有社会价值的集体活动，公益人要从需求方的角度出发，解决他们的真实问题。”这是长江同学们运作《周二直播间》时总结出来的公益方法论，与我去年出版的《有效的爱》所提到的方法论一脉相承，这本书凝结了真爱梦想15

年的公益方法论。

公益是从一个人的初心到一群人的使命，并且只有在行动中才能逼近社会真问题。我希望未来会有更多优秀的长江学子通过学习现代的公益方法论，在商业和公益中进行更多跨界碰撞，为解决中国乃至全球性问题提供创造性的解决方案。

潘江雪（上海真爱梦想公益基金会理事长）

美好乡村艺术共创营

美育公益打造乡村振兴新模式

当艺术与公益相遇，会碰撞出怎样的火花？

长江商学院深圳校友服务团队一直走在践行艺术公益的道路上。2022 年，他们联合深圳市关爱行动公益基金会、陈湘波艺术公益基金共同发起了“美好乡村艺术共创营”。该项目旨在通过“走出去 + 引进来”的城乡双向互动模式，赋能乡村艺术老师，探索艺术公益助力乡村美育，推动乡村文化振兴的深圳模式。

美好乡村艺术共创营首站落地江西省赣州市寻乌县。作为深圳市对口支援的革命老区，寻乌县拥有丰富的历史文化遗产，是三大客家文化交汇区，境内保留了众多历史遗迹。同时，寻乌县也是东江源区县，一直以来守护着自然生态屏障，为深圳、中国香港等地居民提供优质水源。

2022 年 5 月、8 月，项目分别启动“美好乡村艺术共创营·乡村行”和“美好乡村艺术共创营·观深圳”城乡双向活动，组织艺术家、名师前往寻乌县重点小学授课交流、美育调研、艺术共创，并邀请寻乌县乡村美术老师到深圳参观学习，裨益百余名寻乌县美育工作者。

艺术公益，跨界合作

立足于改革创新之城深圳，长江商学院深圳校友服务团队沿袭创新的基因，追求“创新公益”“智慧公益”和“有效公益”。为此，深圳校友服务团队成立公益委员会，每月组织校友开展创新公益项目。

2021 年 12 月，国内首个艺术公益报告《2021 中国文化艺术公益白皮书》正式发布。白皮书定义了“文化艺术公益”概念，并指出文化艺术公益不仅是精神需求层面的分享，更是融合社会资源、丰富公众生活的创造性行业，与我们每个人的情感、特质、传统、价值观、生活方式紧密相关。

对“文化艺术公益”的内涵，深圳校友服务团队并不陌生。一直以来，他们都是艺术公益的先行者、创新推动者。

早在 2010 年，深圳校友服务团队校友苗世朋发起 WABC 无障碍艺途项目，为精智障碍人群提供免费艺术疗愈服务。同时，项目还通过专题展览、衍生品义卖等方式，帮助公众了解、认可这一群体的艺术才能，为他们搭建与社会融合的有效平台。

2019 年，深圳校友服务团队联合联合国教科文组织莫扎特勋章获得者、旅法著名钢琴家、慈善家周勤龄及伙伴机构，开展对贫困地区盲童、自闭症儿童等特殊儿童的艺术教育，培训全国 30 多位特殊儿童钢琴老师，并支持盲谱在国内的研发。

在艺术公益创新的路上，深圳校友服务团队从未止步。

2018年是实施乡村振兴战略的开局之年。深圳市关爱行动公益基金会在深圳市委宣传部的统一指导下，启动了江西省赣州市寻乌县扶贫公益系列行动，推出消费助农行动、爱心衣橱暖冬行动、乡村振兴共创行动、乡村教育共创行动、乡村振兴健康行动等一系列行动，累积捐款捐物260余万元。

3年后，深圳市关爱行动公益基金会又与国内知名艺术家陈湘波合作，成立“深圳市关爱行动公益基金会·陈湘波艺术公益基金”，计划在寻乌县启动艺术乡村联合行动，逐步介入乡村文化振兴领域，以赋能寻乌县美育工作者来推动乡村美育的可持续发展。

深圳校友服务团队公益委员会主席谢鹏程与艺术家陈湘波同为湖南衡阳人，彼此是多年挚友。很快，深圳校友服务团队便了解到美好乡村艺术共创营项目。“艺术+公益+乡村振兴”的创新理念令谢鹏程和校友服务团队秘书长迟池眼前一亮。“乡村振兴是全社会都在全力以赴的公益领域，深圳校友服务团队也要积极参与。而以艺术的方式介入其中，这与深圳校友服务团队的创新理念一脉相承。”

得知该艺术公益项目一直在寻求外部合作，谢鹏程牵线三方洽谈，以共同促成跨界共创的合作格局。“深圳校友服务团队提供资金支持，出资55万元用于‘美好乡村艺术共创营·乡村行’和‘美好乡村艺术共创营·观深圳’两场活动；深圳市关爱行动公益基金会负责公益项目策划和对接媒体资源；陈湘波艺术公益基金则提供专业艺术指导。”谢鹏程说。

作为深圳校友服务团队秘书长，迟池非常重视这次跨界合作，全程参与合作洽谈、项目策划及落地，并联动校友服务团队提供各种资源。“艺术的力量可以抵达每个人的心灵。通过跨界创新合作，艺术公益项目将成为解决社会议题的有效途径。”迟池说。

乡村振兴，教育先行

当城市学校的美术教育面临“质”的挑战时，乡镇学校还停留在“有还是没有”的起步阶段。谢鹏程和迟池走访发现，与孩子们对美育的渴望形成鲜明对比的，是学校的美育现状。“寻乌县的小学有着相似的境遇，无论是硬件还是软件设施，都存在很大缺口，长期缺乏艺术老师，不少地方都存在音体美科目由语数老师兼任的现象，这直接影响了美育课程的频次与质量。”

寻乌县教育科技体育局局长也直言困境：“在深圳的结对帮扶中，寻乌县开展了很多教育类项目，比如校舍援建、教师跟班学习培训、魔法直播间等，成效十分明显。但依然存在不少问题。譬如对艺术教育不够重视，学校艺术设施不够完善，艺术活动开展较少。”

对于农村美育存在的问题，艺术家陈湘波深有体会。

20 世纪 90 年代初，陈湘波从广州美术学院中国画专业毕业。之后，他投身深圳美术事业建设，参与国家级美术馆深圳关山月美术馆的建馆筹备工作。他先后担任关山月美术馆收藏研究部主任、馆长，如今担任深圳市美术家协会主席、广东省美术家协会副主席。

作为国家一级美术师，陈湘波每天早上6点便开始创作，从工笔花鸟到写意花鸟，从自然诗意到都市水墨，用画笔记录时代。他的作品《四季系列》《荷花系列》《瓶花系列》等空灵秀逸，意境幽远。此外，陈湘波曾为央视虎年春晚设计萌虎形象，还担任了兔年春晚吉祥物“兔圆圆”的总设计师。

谈及艺术的价值，陈湘波认为，未来，审美能力可能将是一个人最核心的竞争力。艺术是人们通过审美方式，认识自身与世界的途径。艺术有助于培养人们的独立思维，提高人们对文化多样选择的尊重与理解程度。

艺术是陈湘波的事业，艺术公益则是他的使命。自2008年起，他捐献书画作品用于义卖，累计捐款超200万元，用于支持广东省教育基金会、中国红十字基金会西部女性阳光基金及汶川地震灾区重建等。2011年起，陈湘波在广州美术学院美术教育学院设立“陈湘波优秀毕业创作奖学金”，至今捐款27万元，共计48位毕业生获奖。

2021年，中央一号文件提出全面推进乡村振兴。在陈湘波看来，审美是一种能力，但乡村孩子十分欠缺这种能力。尽管众多乡村学校的基础学科教育取得了长足进步，但美育仍然是它们的短板。

2022年5月27日，为期3天的“美好乡村艺术共创营·乡村行”活动启动。由陈湘波带队，林影萍、贺翔等深圳艺术家、美育名师前往江西省寻乌县，实地走访当地重点小学，深入了解学校美育发展的困境。名师们分享美育实践经验，与寻乌县老师交流、共创。

“美好乡村艺术共创营 · 乡村行”首站来到寻乌县实验小学。陈湘波为孩子们带来了一节生动有趣的萌虎艺术课。他介绍了虎年春晚主视觉形象“萌宝 TIGER”的由来，孩子们全情投入，听得津津有味。他一边在黑板上示范，一边讲解萌虎的画法：要从整体入手，先画大轮廓，后画小结构，先主后次，抓住特点进行绘画，恰当地处理虚实。他简要几句话概括了速写的技法技巧，让在场的孩子们一目了然。孩子们寥寥几笔线条，就勾勒出萌虎图形，一个个憨态可掬的萌虎跃然纸上，展现着小作者

“美好乡村艺术共创营 · 乡村行”在寻乌县实验小学举行启动仪式。

陈湘波为寻乌县实验小学的孩子们带来艺术大师课。

的想象力。

当陈湘波从广州美术学院硕士毕业，投身美术事业时，30岁出头的军官谢鹏程成为军企京武集团总经理。2年后，谢鹏程带领京武集团涉足房地产行业，集团逐渐步入正轨。从小生活在湖南衡阳的村庄，谢鹏程对帮扶乡村教育情有独钟。2000年起，他开始捐建小学、募师支教。在他看来，对寒门学子而言，教育或许是改变命运的唯一机会。这些年，谢鹏程先后捐赠4500多万元用于寒门学子的教育帮扶。

2000年，谢鹏程陪同同事一同前往同事的老家贵州省紫云自治县。当天突降暴雨，他们跑到一个房子里避雨，竟发现那是一所破败不堪、四处漏雨的县城小学。20多名学生坐在没有板凳的教室里，黑板是用木头制成的，连字都看不清楚。谢鹏程

谢鹏程在美好乡村艺术共创营活动现场，以个人名义为耒阳市淝田镇中心小学捐款 10 万元。

百感交集，立即决定捐出 50 万元修建紫云县鹏程希望小学。之后，谢鹏程又陆续在贵州、湖南等地修建了 7 所鹏程希望小学。

谈及美好乡村艺术共创营项目的社会价值，军人出身的谢鹏程充满家国情怀，“乡村振兴是实现中华民族伟大复兴的题中之义，以艺术助力乡村文化振兴是一个很好的切入点。艺术具有无穷的魅力，可以很好地推动乡村精神文明建设，尤其是丰富乡村孩子们的精神生活。”

迟池也有同样的理解与感悟。作为长江商学院 EMBA 19 期深圳班公益学分最高的学员，她资助了新疆、内蒙古、云南等地的贫困乡村学生，还捐献了海南省鹦哥岭的公益项目。

2019 年，深圳校友服务团队开展对贫困地区盲童、自闭症儿童等特殊儿童的艺术教育。迟池认为，艺术可以打开儿童的心门，引导他们感知世界的美好，用艺术实现自我疗愈。而寻乌县孩子们沉浸在艺术创作中时的笑脸，眼睛里散发的对艺术的渴望，完成作品后的欢声笑语……这一幕幕也令迟池久久难忘。

迟池平日也酷爱艺术，每当感到有压力时，她便躺在床上聆听舒缓平和的大提琴曲。艺术是她的精神乐园，她想将这份能量传递给乡村的孩子们，为他们的艺术发展倾注一份力量。

艺术不息，公益不止

“有视野的老师才能教出有视野的学生。”这是谢鹏程、陈湘波等项目骨干认同的美育价值理念。为此，项目在寻乌县开展“美好艺术课堂”，带动寻乌县 30 所中小学、寻乌县美术协会共 107 名美育工作者参与其中。

陈湘波以“在生活中感受艺术之美”为主题，为寻乌县美术老师普及美学知识。他认为，比文盲更可怕的是美盲。“我们想要获得一生的幸福，便不仅要拥有物质生活条件，更要具备感受幸福的能力。通过学习艺术基本常识，最终要建立起个性化的审美趣味和体系，如此才能提高我们对多样文化选择的尊重、理解程度。”

随后，全国中小学软陶特色教学领军人物林影萍以自己开发的软陶课程为例，详细分享了开发美术校本课程的步骤和经验，帮助寻乌县探索个性化的课程方案。深圳市工笔画学会秘书长

美好乡村艺术共创营走进寻乌县留车镇庄干小学，为孩子们送上爱心物资。

贺翔以工笔花鸟画为切入点，介绍了工笔花鸟画的发展概况、所需材料以及工笔花卉的技法，并现场作画传授。

艺术无涯，学无止境。课程结束后，寻乌县罗珊中心小学美术老师谢扬丽分享道：“很高兴能和艺术家面对面，我十分兴奋，从他们的专业经验中收获良多，以后一定努力向艺术家、名师看齐。”

寻乌县实验小学美术老师汪承柏也坦言：“美术不同于一般学科，这是一种饱含情感的创造性活动，具有鲜明的个性差异。每个学生的喜好不同，对美术的感悟也不同。听了艺术家、名师的分析，我深受触动，今后一定不断学习，提高教育水平和自身的文化修养。”

2022年8月8日，“美好乡村艺术共创营·观深圳”如期启动。来自江西寻乌、广西、湖南、贵州等地的14位美育工作者齐聚深圳，开启为期3天的艺术之旅。

山林茂密，鸟语花香。谢鹏程、迟池和共创营的老师们一同前往深圳笔架山。山脚下，有一座“森林里的绿色学校”——深圳市福田区华新小学。共创营和华新小学的老师们聚在一起，就乡村美育、童诗教学、融合课程开发等进行交流。

此外，深圳市华新小学和江西省寻乌县庄干小学进行了结对，双方将在校本课程开发等方面深入合作。活动第3天，美育老师们前往“中国油画第一村”大芬油画村。他们穿梭在画廊和名家工作室遍布的大街小巷中，感受自然风光和人文景色相融合的乡村文化。他们写生创作，陶醉在艺术的氛围之中。随后，他们参观了油画村具有代表性的TNT当代艺术空间、太阳山艺术中心等场馆。

“让美育老师亲临艺术之境，对他们来说是一次内在的艺术升华。乡村拥有独特的文化与无比美妙的田园风光。希望老师们将艺术与乡村风光融合起来，并应用到日常的美育教学上，让孩子们开阔眼界，感知生活的美好。”谢鹏程说。

在迟池看来，“为乡村美术老师创造城市艺术场景，让这些富有美育热情的老师聚集在一起，共同参与一系列艺术探索活动，这为他们打开了艺术之门，将伴随他们的一生，也会为日常教学、生活带来积极能量。”

在结营仪式上，老师们饱含深情，表达了对“观深圳”活动

迟池（右二）与谢鹏程（右一）走进艺术课堂。

的不舍，这令谢鹏程、迟池备受感动。

“老师的眼界在哪里，学生的未来就在哪里。”经过 3 天的活动，广东省河源市第三小学的杨丽芬老师深有体会，“作为乡村美术老师，他们的坚守对学生至关重要，应该保持对美育的初心、追求，做一名有情怀的美术老师，为更多学生带去美育的理念和价值。”

广西百色市田阳区玉凤镇中心小学的李星艳老师也分享了对这场艺术之旅的感受，“老师传授知识本身就是一个文化传承的过程，应把先进的理念和教学方式融入课堂。经过 3 天的共创活动，我们的底气更足、底蕴更深、眼界更广，对美育和艺术的追求也更执着。”

“这样的反馈还有很多很多。这些美术老师身上的热情和抱负，让我们深圳校友服务团队更加坚定地从事艺术公益。”迟池说。

长江商学院的朱睿教授一直倡导从理念创新和模式创新两个方面做公益。2022年，美好乡村艺术共创营项目荣获第八届长江公益奖。在迟池看来，项目不仅以艺术公益助力乡村振兴，创新了公益理念，还以“1241美育工程”模式赋能乡村美育。“1241美育工程”即1个核心——对乡村艺术老师进行能力建设；2个策略——走出去、引进来；4场活动——分别在四季举行乡村行、观深圳、艺术季和生肖展；1个平台——打造美育交流、展示平台，构建艺术公益共同体。

创新公益非朝夕之举。为促进深圳和寻乌两地长期交流与合作，项目启动“乡村美育共创基地”和“人文艺术共创基地”，建设寻乌人文艺术村和人文艺术馆，将艺术和寻乌的红色文化、客家文化、风土人情等相融合，以空间场景赋能乡村文化长效发展。

“项目将覆盖更多乡村地区，其中主要以深圳对口支援、东西部协作、对口帮扶协作的省份为主。”谢鹏程说。

今年4月，美好乡村艺术共创营再次启程，走进谢鹏程和陈湘波的故乡——湖南衡阳。项目通过艺术大师课、名师精品课、深衡艺术共创、乡村美育调研、乡村美育座谈等形式，对湖南衡阳蒸湘区雨母山镇中心学校东阳小学的乡村美术老师进行能力建设。深圳校友服务团队出资25万元，支持活动落地。

在项目设计上，团队一直在思考如何让乡村学校更可持续、更高质量地开展美育教学。为此，全国首个以艺术家名字命名，长江商学院深圳校友服务团队冠名的综合性美育艺术空间——陈湘波美育空间正式落地雨母山镇中心学校，以可持续、高质量赋能乡村艺术老师。长江商学院深圳校友服务团队向雨母山镇中心学校捐赠了 100 份艺术素养包，用于支持陈湘波美育空间的运营。

从衡阳返回深圳的途中，谢鹏程无意间驶入他 20 年前捐赠 200 万元修建的鹏程公路，途经他的母校，如今的鹏程希望小学。“未来，深圳校友服务团队将推出更多艺术公益项目，让艺术照亮更多乡村儿童的成长之路。”谢鹏程说。

长江商学院深圳校友服务团队为孩子们捐赠 100 份艺术素养包。

对话长江商学院深圳校友服务团队公益委员会主席、第八届长江公益奖“年度长江公益人物”谢鹏程

问：在项目的实践过程中，令您感触最深的是什么？

谢：我感触最深的是，像陈湘波老师这么一个艺术大师，他能够将自己的时间、精力投入到乡村美育上，对乡村美术老师的赋能上，这令我非常感动。我和陈湘波老师同为湖南衡阳人，也都热爱公益事业，认识了七八年之久。前几年，他成立了陈湘波艺术公益基金，我为他站台，拍到了几十万的艺术作品。得知他与深圳市关爱行动公益基金会合作，开展美好乡村艺术共创营项目，并寻求外部合作，我就立即牵线，为长江商学院深圳校友服务团队引入了项目。

乡村振兴是习主席提出的，是全社会都在全力以赴的方向。以艺术助力乡村文化振兴是一个很好的切入点。陈湘波作为我们项目的领头人之一，付出非常多。不仅为寻乌和衡阳的老师、同学们带去艺术大师课、讲座，还和美育老师共创艺术作品。此外，他还建立了全国首个以艺术家名字命名的综合性美育空间——陈湘波美育空间，将持续、高质量赋能乡村艺术老师。

问：荣获第八届长江公益奖“年度长江公益人物”时，您最想说些什么？

谢：加入长江商学院之前，我对公益的理解比较肤浅，做过的公益项目也主要集中在捐赠希望小学、帮助贫困学子上。经过在长

江的公益与社会创新学习与实践，我理解到公益一定要创新，创新公益才是对社会更有价值的公益。用新理念、新模式去赋能那些不受关注的人群和领域，这才是创新公益、智慧公益和有效公益。

长江商学院的理念是“无公益，不长江”。在我们入学时，学校就要求我们必须完成 48 小时的公益学时，否则无法毕业。我希望通过我自身的行动带动身边的校友、企业家一同参与到公益项目中，承担企业家的社会责任，关注弱势群体，共同解决社会问题。这是学校对我们的要求，也是我们企业家自身的使命。

问：您从 1998 年开始投身公益事业，至今已经走过 25 年的历程，是什么因素驱使您一直坚持做公益的？

谢：我与公益结缘得益于我的父亲，他是湖南衡阳县城的学校校长。我从小在父亲的学校里长大。印象中，学校条件非常简陋，师资也很缺乏，班级里有很多困难家庭的孩子根本交不起学费。当时我就想，等我以后经济条件好一些了，就尽自己的绵薄之力去支持乡村教育的发展，让山里的孩子们走出大山看世界。从2000年开始，我就在贵州、湖南张家界等地陆续修建希望小学。目前，我一共修建了7所。

从 2010 年开始，我也资助贫困大学生，支付他们每年的学费。2010 年，一次偶然的机会，我前往内蒙古的一个部落。由于生活条件极其艰苦，部落里有 30 多个大学生交不起每年的学费。我就立即联系到这些学生，给予他们每人 8000 元，连续

4 年的资助。这十几年下来，我也陆续资助了几十个人了。此外，我也为深圳市关爱行动公益基金会募师支教项目资助了 100 多万。

无论是作为一名军人，还是一名企业家，帮扶社会上的弱势群体都是我最大的快乐。如果说创办企业是我的事业，那么公益则是我一生的使命。每当我走进学校，看到孩子们脸上纯真的笑容，我都发自内心地为之感动，帮助他人是快乐又幸福的，是利己又利他的。只要我在经营之外还有剩余，我会一直拿出其中的一部分去资助那些需要帮助的人。

问：最近几年，您重点关注哪些公益领域？

谢：除了教育，我也涉猎过很多公益领域。比如社区领域的公益。在疫情期间，我捐钱、捐资源，将口罩、防护服等抗疫物资想方设法送到社区去，受到基层群众的认可，我很欣慰。在社区医院、学校层面，我也做了很多公益项目。

2023 年 2 月，我还参与了智障儿童的项目。智障儿童可以通过到深圳专业的艺术学校学习，经过系统化的专业培训，逐渐自食其力，拥有与人交流沟通的最基本的能力。我认为诸如此类的公益项目非常具有社会价值，我们捐出去的钱可以真正帮扶到这些孩子，不是物质上的一次性帮扶，而是整个人的转变。我非常注重公益的可持续价值，要把公益做到极致，做到最好，帮助个人走向社会，融入社会，甚至组建新的家庭。

问： 未来，您在公益领域有哪些计划？

谢： 我始终认为，做公益可以带给我很多快乐。在做公益的同时，我也发现它在商业领域给予我很大的启发。一旦思路被打开后，企业也可以管理得很好。无论是对待客户，还是对待员工，我都会以公益层面的价值观以诚相待。

目前，我是长江商学院深圳校友服务团队公益委员会的主席，已经做了两届。如果大家希望我连任，我也会再做一年。在公益领域方面，我在关注教育的同时，也会继续探索其他领域可持续、可复制的公益项目。这一定是具有社会创新价值的公益，而不是单纯的捐钱、捐物资。

对话长江商学院深圳校友服务团队秘书长迟池

问：在项目的实践过程中，令您感触最深的是什么？

迟：2022年5月，我们前往江西省寻乌县中心小学、留车镇庄干小学、寻乌二中。其中，我印象最深的是庄干小学。在走访庄干小学时，孩子们得知深圳的艺术家、老师要到访学校，都努力呈现出了最整洁的一面。我们为那里的孩子开展了一节艺术课，共同创作了一幅长卷画作。孩子们全情投入，用画笔表达自己内心的想法，他们沉浸在艺术创作中的笑脸，让我感触很深。

活动结束后，我与庄干小学的校长保持联系，得知他们缺少窗帘等物资，便立即联动长江商学院深圳校友服务团队的爱心校友，给他们送了过去。令我惊喜的是，在去年8月举办的“美好乡村艺术共创营·观深圳”活动现场，庄干小学校长廖小玲为我和谢鹏程颁发了荣誉校长聘书，我们非常感动。

问：您认为，项目最大的社会创新价值体现在哪里？

迟：在项目开展前，我们也调研过其他艺术类基金会的乡村美育项目。比如，广东省许钦松艺术基金会的乡村美术教师培育计划以线下活动+线上直播的模式，开展艺术课堂教学、艺术展演等。广东省时代公益基金会的田埂花开计划为支教老师提供区域教研交流活动，包括专业培训、教师素养、项目管理等。

美好乡村艺术共创营创新了项目理念，依托陈湘波等深圳优质艺术资源，探索艺术赋能乡村文化振兴的发展之路，致力于推动乡村物质生活和精神生活共同富裕。此外，项目还探索出了“引进来 + 走出去”的城乡双向互动模式。这个项目在选题、形式和模式上都体现了我们深圳校友服务团队追求创新公益、有效公益的公益理念。

问：你们是如何想到“引进来 + 走出去”双向互动的创新模式的？

迟：深圳开放、包容、创新的城市精神引领着我们深圳校友服务团队的行动。作为改革开放的前沿阵地，深圳聚集了一大批优秀的企业家、艺术家，他们对艺术公益有很高的热情，也愿意贡献自己的时间和资源参与到乡村教育事业发展中。

“走出去”是深圳对全国人民的感恩，尤其面向对口协作、帮扶地区，这是深圳企业家、艺术家勇于担当的表现。另一方面，我们始终认为“有视野的老师才能教出有视野的学生”，因此我们为乡村美术老师创造拓宽视野的平台，让他们亲身探索外面的世界，感受时代发展的最新脉搏。

问：您是如何理解艺术公益的？

迟：2021年12月，国内首个关注文化艺术公益领域的专业报告《2021中国文化艺术公益白皮书》正式发布，白皮书正式定义了“文化艺术公益”这一概念。我十分认同白皮书里提到的观点，文化艺术公益不仅是精神需求层面的分享，更是融合社会资源、丰富公众生活的创造性行业。不管是艺术还是公益，都是未来社会的必需品。

艺术公益是中国公益慈善事业发展到一定阶段的必然形式，从物质关怀到精神关怀，艺术公益将具有非常强大的生命力。我们第一次尝试用艺术助力乡村文化振兴，与之前的项目相比，美好乡村艺术共创营具有非常强的前瞻性和可持续性。

问：您如何理解“无公益，不长江”的概念？

迟：加入长江商学院之前，我理解的公益是，如果哪里遇到天灾人祸，我们会捐一些钱。长江商学院首创48小时公益学时制度，要求我们学员必须修满48小时才可以毕业。我们在努力成为一位优秀企业家的同时，也践行一个企业家对社会的责任。在商学院学习后，我更加明白公益要有理念和模式，要创新。做公益不再是一个人单打独斗，而是一群人、一个圈子一起来做，形成一个公益的磁场、氛围和共同体。

撰文：张琢

案例点评

美育是一个古老的话题，古代中国与希腊都孕育了浓厚的审美教育传统，并在18世纪末开始形成专门的美育理论。到近代，中国美育的奠基人之一蔡元培认为："美育之目的，在陶冶活泼敏锐之性灵，养成高尚纯洁之人格。"他因此进一步主张"五育并举"，这一教育思想也一直延续到现在。

2020年，国家有关部门印发了《关于全面加强和改进新时代学校美育工作的意见》(以下简称《意见》)，进一步强调了美育工作的重要性，对加强和改进美育，实现五育融合进行了全面部署。《意见》发布以后，各级政府迅速响应，各地教育行政部门和各级各类学校积极探索新时期新美育的途径和方法，取得了很多成绩和经验，推动我国美育进入了历史新阶段。

从实践中看，在中国教育公益的图谱中，美育的倡导与实施一直以一种不紧不慢的状态行进。一方面，在主流教育之外，美育获得的重视与其地位、作用不匹配；另一方面，美育资源的分布与城乡差异、经济发展相对应，呈现出某种程度的马太效应。

在上述背景下，如何有效地动员社会艺术资源参与并助力美育，形成有效的协同效应，建立长效机制，成为关心这一问题的有识之士需要思考的重要问题。因此，我们也非常高兴能看到类似美好乡村艺术共创营这样的项目成长起来。

对长江校友来说，"无公益，不长江"是公益行动的底色，但选择何种方向、关注何种议题、采取何种行动，则与校友自身的理解、资源、网络等密切相关。深圳校友服务团队追求“创新公益、有效公益”的理念，在艺术公益方面一直不断探索、迭代。从美好乡村艺术共创营实施的成效来看，其在引进来、走出去方面进一步促进了城乡美育师资的互动，对优化美育老师的知识结构，提升美育老师的美育能力，建设美育老师人才梯队而言是卓有成效的。

我们也希望在这个项目的基础上，深圳校友服务团队能够整合更多的社会艺术资源，挖掘更多的艺术资源富矿（于深圳而言，这体现在艺术场馆、艺术家的汇聚），形成一个有效的支持网络。希望在未来的发展中，这个项目能够延伸到艺术教育的主要受体——学生身上，进一步形成有效项目闭环，真正构建具有深圳校友服务团队特色的美育模式。

汪跃云（广东省和的慈善基金会秘书长）

新华
生涯教育

从公益助学
到赋能成长

浙江省新华爱心教育基金会（以下简称“新华教育基金会”）自2004年发起“捡回珍珠计划”项目，至今已累计帮助8.3万余名家庭情况困难、品学兼优的“珍珠生”顺利进入高中就读。在捡回珍珠计划的执行过程中，经多年项目走访、总结，基金会发现，“珍珠生”需要的不仅仅是资金上的帮扶。

2014年9月，国务院印发《国务院关于深化考试招生制度改革的实施意见》，上海、浙江率先启动高考综合改革试点，采用“3+1+2”不分文理的新高考模式。近10年来，高考综合改革在推进素质教育、促进教育公平、科学选拔人才的期许中，由东部向中西部稳妥推进。

在新高考改革背景下，高中生生涯规划教育的重要性日益凸显。2019年，国务院办公厅印发《国务院办公厅关于新时代推进普通高中育人方式改革的指导意见》，明确了对学生理想、心理、学习、生活、生涯规划指导应注重指导实效、健全指导机制的要求。

新高考改革政策的逐步落地，带动了一系列教育变革，也受到教育公益领域的关注。2018 年，长江商学院 EMBA32 期 4 班校友、长江商学院 MBA2021 级上海班校友与长江商学院 EMBA32 期校友唐韵鹏所在的新华教育基金会共同发起了“新华生涯教育”项目，基金会项目逐步从资助类向赋能类转型。2022 年，新华生涯教育项目获评第八届长江公益奖“年度长江公益项目”。

从“读书有保障”到“读书有方向”

新华教育基金会秘书长、长江商学院 EMBA 32 期校友唐韵鹏自 2016 年加入基金会成为一名全职公益人以来，从“捡回珍珠计划”到“新华生涯教育”项目，他不断总结着自己的思考和发现。2019 年，当他和同事前往甘肃临夏一所中学，和刚录取的高一“珍珠生”一对一面谈后，一个此前他没有想到的问题浮现了出来。

许多学生向他坦诚地描述了相似的困境——常常做不到持续专注地高效学习，努力过很多次，但学习热情很难维持。

唐韵鹏坦言，当时他没有想到特别好的答案来回应这些学

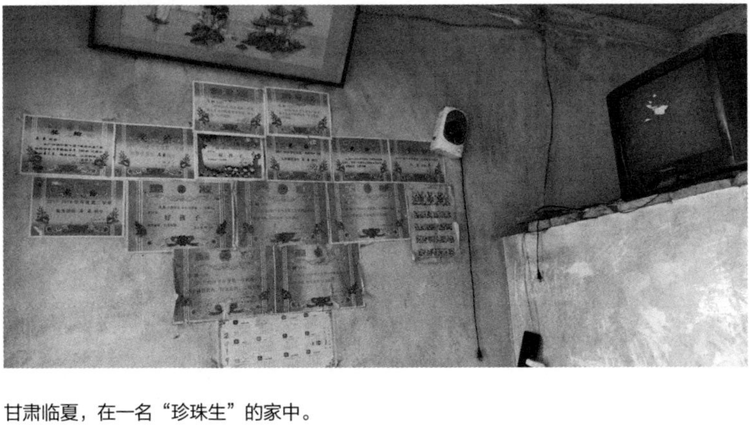

甘肃临夏，在一名“珍珠生”的家中。

生。在反思中，他意识到，和很多人一样，自己有这样的刻板印象——对来自偏远地区、家境又相对困难的寒门学子来说，学习的动力应该是天然的，不光是天然的，而且应该是强烈且持久的。

“学习动力的不持久，可能源于没有一个明确的目标。”在唐韵鹏看来，这背后体现的问题是学生对未来人生道路的迷茫。

在成为全职公益人之前，唐韵鹏在上海的外企工作，接触的学生多来自国际学校，那是一个和他后来常常走访的“捡回珍珠计划”项目合作学校完全不一样的世界，不少学生在小学一年级就开始接触全球公民教育。而对很多“珍珠生”来说，他们在走向大学之前，可能连省城都没有去过。

在唐韵鹏看来，无论从家庭、学校还是社会的维度出发，由于教育发展水平、各地区经济发展不均衡等原因，来自中西部欠发达地区的学生能接受到的生涯教育相关资源和机会都相对缺乏，“所以生涯教育很重要的一个意义就是启蒙，当他们看到自己未来的可能性时，动力可以更加持久”。

研学访谈，生涯启蒙

2023 年是新华生涯教育项目进入稳定发展的第 5 年，经过 5 年的实践探索，项目逐步构建出包含课程、营会、咨询、测评的 CCCA 体系。新华教育基金会也发起成立了专业的赋能团

新华生涯教育 XINHUA CAREER EDUCATION

内容	学生	教师	学校
课程 Curriculum	生涯校本课	中学生涯规划师资培训	校园课程体系 校园文化建设
营会 Camp	生涯夏令营 生涯研学营	生涯论坛 生涯研讨会	师资培养与实践
咨询 Counselling	生涯咨询1对1	生涯督导	多方共建 家、校、企、毕业生
测评 Assessment	个人兴趣、能力、性格、职业匹配测评	平台使用及分析	软硬件提升

建立健全学生发展指导策略，从生涯规划角度服务中西部学生成长。
5年内形成更为完整的整校生涯服务方案，成为与时俱进的生涯教育交流平台，力争在2025年树立一批生涯教育典范学校。

新华生涯教育 CCCA 体系。

队——青少年发展研究中心，面向学校、老师、学生三个群体开展生涯校本课研发、生涯研学营、生涯人物访谈等活动，助力学生成长，并赋能老师逐步获得生涯教学指导能力。

这其中，生涯研学营是面向高中生开展的生涯体验类活动。基金会设计活动，并依据学生兴趣聘请相关讲师，对接参访大学和企业资源进行实地体验。“我们尽可能设计很丰富、很多元的参访，其实挑战是挺大的。对许多学生来说，这也许是他们走向大学之前，第一次可能也是唯一一次来到大城市接触外面的世界。”唐韵鹏介绍。

2021 年 4 月，长江商学院 EMBA 校友及企业、MBA 在读学员与新华教育基金会合作，通过生涯研学营支持 300 余位来自内蒙古包头的高中“珍珠生”前往长三角地区进行企业实地参访，以开拓眼界、激发梦想。

包头三十三中原常务副校长陶庆丰带领老师和学生，从呼和浩特、包头、鄂尔多斯三地同时出发，克服种种困难，跨越1800多公里从内蒙古来到浙江嘉兴参加生涯研学营。在他看来，新高考改革对教育提出了更高的要求，在这样的形势下，职业生涯规划是一项必修课。

在专业老师的带领下，这些来自内蒙古的中学生前往上海、苏州、湖州、嘉兴等地的企业进行参访，了解社会各个行业的发展以及未来的人才需求。学生们来到繁忙、庞大的快递中转场，在轰隆隆的设备运作声中了解快递是如何从遥远的地方寄到自己手中；学生们踏入人工智能领域，与“AI化教育”“独角兽企业”等陌生词汇相遇，大呼“长知识”。

长江商学院EMBA 32期4班校友孙海玲所在的企业威派格正是这次研学营参访的一站。学生们参观了智能化的生产车间、水资源综合利用中心、工业互联网智慧供水应用体验中心等。在十几年的公益实践中，孙海玲观察到，“很多来自偏远地区的学生，他们知道要走出大山，要改善家庭环境，这是特别明确的目的，但不知道未来要从事什么样的行业。所以让“珍珠生”提前走入不同的企业参访，看看不同行业的前景，思考哪些是未来愿意涉足的，这样的机会非常好。“

在营会中，营员们在老师的指导下，通过霍兰德职业兴趣测试、职业技能测评等工具，了解自己的兴趣和能力。营会还特邀职场“珍珠生”为同学们带来分享，他们从求学和求职经历出发，向学弟学妹们讲解规划人生的重要性。新华教育基金会理

在生涯研学营的组织下，来自内蒙古的中学生前往威派格参访。

事长秦荣华也专程赶来，分享人生经历和感悟，学生们在笔记本上认认真真记下一句句良言。

营员代表王鑫燕在营会结业的“毕业典礼”上发表这样的感言：“转眼间，一周的研学时光已经过去。来时，带希望而来，离时，必载收获而归。”

对不少中西部地区的中学来说，组织老师和学生赴长三角地区参加研学营并非一件容易的事。为了让生涯教育项目覆盖更多学生群体，2021 年 5 月，新华教育基金会与来自甘肃和贵州的四所中学发起第一期新华生涯人物访谈项目。

高中生们在爱心捐方的支持下，采访了各行各业的人士，有身边熟悉的老师和校长，有在家乡就业的银行员工、警察、律师、医生、驻村干部，也有放弃高管工作回到西北家乡创业的北大博士、年近九旬的抗美援朝老兵，等等。除了面对面探访，学生们也在老师的指导下线上采访大学教授、企业家、大厂程序员等。

“如果想要从事程序员职业，我们需要在高中阶段重点学习哪些科目？为什么放弃高管的位置选择回乡创业？一名高中老师的薪酬结构是什么样的？为了进入律师行业，高中和大学阶段应该做哪些准备？作为一名医生，您觉得工作压力大吗？”通过访谈，学生们的提问一一被解答，他们对家乡的发展更加了解，也看到了一个更为广阔的世界。对抗美援朝老兵的访谈，让学生们了解到枪林弹雨年代的家国情怀，而和回到西北家乡致力于改造沙化干旱问题的北大博士交流，则让学生们看到更丰富的选择下对人生意义和价值的追求。

甘肃省民勤县第四中学教导处副主任、新华生涯人物访谈项目指导老师吴泽瑞感叹：“说真的，在我们这种偏远地区，这个项目对我们的高中生来说是很有意义的，校领导非常重视。学生难得有机会走出去，但是通过这样的访谈，可以让他们感受到不同职业的内容。”

截至 2023 年 2 月，生涯人物访谈项目已开展两期，累计有 13 所学校参与项目合作，访谈近 100 个职业。第一期项目经评估发现，参与项目的学生在自我认知、职业规划、生涯适应力等维度均得到了显著提升。

甘肃省民勤县的学生开展生涯人物访谈。

珍珠闪亮，生涯起航

2021 年，在唐韵鹏的感召下，长江商学院 MBA 2021 级上海班的学员发起“长江珍珠导师计划”，为大学及职场“珍珠生”赋能。通过师生互选，长江导师们不仅给予“珍珠生”学业、职业生涯上的指引解惑，更成为寒门学子在大城市里的朋友与导师。

长江商学院 MBA 2021 级上海班校友缑如阳是第一批参与长江珍珠导师计划的校友之一，“我一直在思考我能够给学生带来什么样的帮助？我觉得最重要的就是结合我十几年的职场经验，让这些学生在职业生涯规划上少走弯路。”

就读于河北石家庄一所大学的大四学生袁宏伟报名参加该计

参加“长江珍珠导师计划”的长江校友。

划，马上毕业的他面临诸多选择，徘徊不定。在缑如阳的建议下，他从石家庄来到上海，到缑如阳当时任职的外企实习。

“我一直跟这个学生讲，你从河北石家庄千里迢迢来到上海，这两个月的实习生涯不仅仅是要在工作当中学习到什么，也希望你有更多时间去感受上海这个城市。”缑如阳对袁宏伟提出这样的希冀，是因为他觉得让他们去接触更大的社会，他们的人生道路选择可能会更宽一些。

据缑如阳观察，刚接触时，袁宏伟自信心不足，害怕面对就业竞争。实习结束后，他没有那么惧怕了。目前，这名“珍珠生”已在北京的一家外贸企业就职。“我觉得这个导师计划要一直坚持，让更多长江校友不断加入进来，然后在过程中不断完善。”缑如阳说。

长江商学院 MBA 2021 级上海班校友陆娜也是在长江商学院的课堂上受到感召，加入“长江珍珠导师计划”。

身处服装行业的陆娜，是从约定身材管理开始，和来自河南洛阳的“珍珠生”程玉洁建立联系。在陆娜的影响下，程玉洁用半年时间减重近 30 斤，初入社会工作受挫的她变得更加自信。

陆娜邀请这名“珍珠生”到她的公司工作试试，并坦言自己不会额外对待。她怕给予太多，学生初入社会面对复杂现实时不适应。虽然这样说，她还是会在背后多照顾，比如帮忙找性价比高的出租房。

半年来，程玉洁实实在在，总能把事情做好，陆娜对她特别信任，但也感到程玉洁的自驱力不够强大，缺乏对未来的职业规划。面对对方选择自己当导师的那份信任，即使偶尔存在沟通不畅的情况，陆娜依旧在思考和摸索怎么做得更好，她希望善始善终。

选择陆娜作为导师的另外一名“珍珠生”，是来自河南商丘的李欣鹏。和导师见面前，他既激动，又紧张，“一开始看到导师的经历我是害怕的，但正是因为渴望变得优秀，所以才勇敢地踏出了那一步。”

和导师见面后，他发现自己的担心是多余的，在他眼里，陆娜随和、睿智、通透。他们聊到了学业、创业的艰辛，也聊到了学校和社会的不同之处。李欣鹏写道：“还在校园的我看社会就像《海上钢琴师》的男主人公站在轮船上眺望船外的世界一样，看不清方向……因为这一切还是要自己亲身去经历，导师的帮助会让我看得更远。”

来自云南蒙自一中“珍珠班”的大学生张喜也报名参加了“长江珍珠导师计划”。从云南来到杭州读大学，对家庭发生变故、家境困难的张喜来说并不容易，他也因此更加珍惜这样的机会。因为专业原因，他选择了长江商学院 MBA 2021 级上海班校友王梦怡作为导师。

在导师的推荐下，去年暑假，张喜前往浙江绍兴一家以通用设备制造业为主的企业实习。导师用自身求学和创业经历激励他，也从用人单位的角度给出建议。张喜了解到工作经验的重要性，也看到了深造的可能性，“导师推荐我申请奖学金去德国读研。我从没想过去国外读研这条路，最主要的原因是认知比较狭隘。”

张喜以前总是盯着自己的不足之处，从来不去发现自己的闪光点，现在他自信很多，目前担任杭州“珍珠之家”的总干事，对未来也更充满希望。张喜坦言，虽然眼下基于现实因素考量，有些愿望暂时无法实现，但去更大的世界看一看的种子已在心里种下，等待慢慢浇灌、发芽。正如“珍珠班”毕业生们作词、作曲，拍摄制作的《珍珠之歌》中所唱：“感谢可爱的你，给予我梦想的土壤，让我拥有力量，种下坚强和希望。”

击鼓的人不知道鼓声能传多远

在浙江嘉兴“珍珠之家”的展板上，有这样一张照片布满整个墙面：几面高低不一、长有青苔的砖墙上，清晰整齐地写着“促进教育　均衡发展”几个大字。这是唐韵鹏 2018 年 6 月第一次进入大凉山，在一所海拔 2500 米的彝族小学拍下的照片。

“这个画面当时对我产生了非常大的冲击，这面墙就像我们国家东西部之间教育资源等方面的屏障和落差，但我相信这样一个屏障不是永久性的，就像墙的最左边是断开的。如何能消弭这个屏障呢？除了各方面硬件设备的改善，我想最重要的就是人，一群愿意长期投身其中的人。”唐韵鹏感叹。

大凉山一所彝族小学的砖墙。

受到唐韵鹏在长江商学院课堂上分享案例的感召，长江校友孙海玲所在的企业目前已在全国范围内设立九个威派格“珍珠班”。谈到接触过的“珍珠班”学生，孙海玲总是赞扬他们勤奋、努力、具有责任感，“实际上不只是我们帮助他们，在我们的员工走访‘珍珠班’学生时，他们身上的那种精神反过来也激励了我们内部的团队。”

正如新华生涯教育《击鼓》直播栏目所言：“击鼓的人不知道鼓声能传多远。”在众多长江校友的共同助力下，2022 年底，新华生涯教育项目获第八届长江公益奖“年度长江公益项目”。

项目实践这些年，唐韵鹏在很多学生身上看到了变化，他们可能起步晚一点，底子薄一点，但当生涯意识被启蒙，他们会有

“珍珠生”的画作。

更大的主动性，持续自我探索、寻求帮助、努力提升，并在实践中成长。

“这个项目的美好之处在于，它帮助每一个参与者发现和看见自己内心的珍珠，”唐韵鹏感言，“无论是闪闪发亮的强光，还是一道微光，都可以去照亮更多的人。”

对话新华教育基金会秘书长、长江商学院EMBA32期校友唐韵鹏

问：长江商学院的“无公益，不长江”理念，以及公益与社会创新教育，对您有哪些影响？

唐：2018年我作为公益生入学长江商学院EMBA项目，毕业后有幸以实践导师的身份参与到朱睿教授开设的社会创新与商业向善实践课程中。这个课程在48小时公益学时基础之上有了质的飞跃和突破，对我来说，在做导师的过程中，也接受了相关培训，无论在理念还是思路上都有了极大的提升。

问：您怎么看近年公益与商业融合的社会创新理念以及商业向善？

唐：从捐钱捐物，到作为一家商业公司履行企业社会责任，参与商业向善，我想这反映的是整个社会文明的进步，打通的是公益和商业之间的隔阂和壁垒。当企业家们开始深入思考如何通过手头资源，结合企业自身的优势和特质，试图解决一些社会问题的时候，这样的商业向善比单纯的捐钱捐物更复杂、更有挑战性，但是也因此才带来了社会的创新。

问：未来您个人在公益慈善方面有哪些计划？

唐：我最早接触公益行业是2002年在新加坡，服务社区里的留守儿童等弱势群体，那是一颗公益的种子。2016年我们国家第

一部慈善法正式实施的时候，我加入新华教育基金会全职从事公益事业。

就生涯教育项目而言，一方面我希望它能朝着全学龄、全方位覆盖的方向发展，除了帮助中学生、大学生和职场生，比如2022年发起的“臻石计划”，也拓展到进入职业教育轨道的职校生，帮助他们发现自己身上的闪光点，开启人生生涯的探索之路。另一方面，教育本身需要通过生命去影响生命，我希望能够感召更多人共同投入教育公益事业，包括专职的社会工作者、公益人才，也包括专家顾问、咨询师、加入“长江珍珠导师计划”的长江校友等志愿者。

非常感谢长江的老师、校友们出资出智、亲力亲为支持“珍珠生”成长，“无公益、不长江”！

撰文：武晓慧

案例点评

在项目周期管理的全流程中，该项目的规划和执行都非常成功，可圈可点。

1. 在项目规划上，一是结合了机构品牌项目“捡回珍珠计划”，并在此基础上回应了较为复杂的新的社会问题，展现了公益机构的使命担当；二是后续研发“臻石计划”作为下一个阶段的干预措施，实现了干预措施的系统性。

2. 在项目执行上，一是充分利用了机构资源，长江商学院EMBA校友的加入，在很大程度上降低了项目成本，提升了项目的可持续性；二是项目干预措施较为综合且不断迭代升级，从参观、问卷测试，到访谈、实习、职业生涯辅导，相当全面且符合逻辑，这是项目最大的亮点和优点；三是项目持续展开，卷入更多的校友资源，可持续性较好。

项目的不足之处是在设计阶段对问题的分析、记述不够充分，有主观臆测和断定之嫌。项目团队非常敏感地抓住了新的社会问题，但是对问题的定位、描述和原因分析不足，综合干预措施的针对性来源不清晰，给项目的有效性和效率埋下隐患，可以通过阶段性复盘，以更为专业的方式完善项目设计。项目展开了评估，这是非常好的管理实践，但记述过于简洁，而且“职业规划、生涯适应力等维度均得到了显著提升”这一评估结论，从直观上感觉难以通过现有干预措施达到。建议对项目评估方案和项目干预方案同时进行整合和改善。

生涯教育是一个需要长周期干预才能取得成效的议题，难以做到“毕其功于一役”。希望机构坚持不懈，持续投入，不断优化，以竟全功。

李劲（《中国慈善家》影响力慈善研究院首席专家）

关爱白鹤在行动

保护栖息地，守护濒危物种

白鹤，全球极危物种，国家一级重点保护动物，被誉为鸟类中的“活化石”。在全球范围内，白鹤目前仅存五千余只。

凌霄直上，翱翔万里。每年秋冬，白鹤从西伯利亚途经蒙古及中国东北，飞抵江西省鄱阳湖越冬。次年三四月份，气温达到10℃以上时，它们再次北迁。由于生态地保护不当，鄱阳湖是白鹤原三条迁徙路线中仅存的一条。

2021年，为守护鄱阳湖畔的“精灵”，长江商学院江西校友服务团队开展“关爱白鹤在行动”公益项目，二百余名江西校友投身其中。该项目深入研究白鹤习性，逐步改善白鹤食源地自然生态环境，为其越冬提供一系列保障。校友们在鄱阳湖附近的五星白鹤保护小区扩大白鹤食源藕田的种植面积，清理白鹤栖息区附近的废旧渔网，动员更多民间力量共同参与白鹤保护。

关爱白鹤在行动

长江商学院创办院长项兵曾提出，长江商学院培养的新一代商界领袖应具备三个核心精神：第一，全球视野与全球资源整合能力；第二，人文关怀与社会担当；第三，创新精神。自2012年成立以来，江西校友服务团队校友们身体力行，用公益行动践行长江精神，努力成为兼具人文关怀、家国情怀和社会担当的企业家。在国家和社会需要他们的时刻，他们总能义无反顾，勇担重任。

2013年11月，习近平总书记首次提出“精准扶贫”概念。立足赣鄱大地，江西校友服务团队以救灾、抢险、扶贫、助学、敬老、帮困等作为践行公益的主要方向，形成了由教育扶贫、健康扶贫、产业扶贫构筑的公益扶贫项目矩阵。

十八大以来，党中央又提出“绿色发展”理念，其核心是保护生态资源，实现人与自然和谐共生的可持续发展。江西省政府也发出“践行绿色发展理念，打造美丽中国‘江西样板’”的口号。一直以来，江西校友们都走在响应国家号召的前列。在企业生产经营中，他们注重节能减排，保护生态环境，同时，他们积极投身环保公益，努力寻找契合时势、贴近社会需求的公益项目。

2020年末，江西校友服务团队举办一年一度的校友联谊活动。进入公益项目探讨环节时，一位校友建言献策，他曾到鄱阳湖畔的五星垦殖场观鸟，无意间了解到江西的省鸟白鹤是极危物种，当时仅四千余只。五星垦殖场是白鹤的冬季栖息地，每年，全球有98%的白鹤来鄱阳湖越冬，但最近几年，白鹤栖息地的生态环境不容乐观，直接危及种群数量，问题十分严峻。听闻后，江西校友服务团队负责人熊衍保高度重视，"关爱白鹤在行动"的项目设想应运而生。

为充分守护白鹤越冬，江西校友服务团队开展全面调研。此时，他们意识到，保护白鹤栖息地已是迫在眉睫。

江西校友服务团队校友在"关爱白鹤在行动"项目地合影。

早年间，鄱阳湖周围的百姓保护野生动物的意识不强，不法分子偷猎、捕食野生动物的新闻屡见不鲜，这导致白鹤的数量有所减少。近年来，相关政府部门加强了野生动物保护法的执法力度，偷猎、捕食现象大幅减少，但候鸟栖息地的环境却始终不容乐观。

近 10 年来，江西省秋冬季节连续干旱，鄱阳湖枯水季节水域、湿地面积急剧减少，越冬候鸟的食源越来越少。因此，它们被迫转移到鄱阳湖周围的五星垦殖场滨湖等栖息地，在农田里觅食莲藕、荸荠等。大量白鹤到农田间觅食使当地农户蒙受重大损失。

2016 年，鄱阳湖五星垦殖场滨湖出现了人鸟争食的矛盾。当年，有超过 2000 只白鹤到滨湖藕田挖食莲藕越冬。白鹤经长途迁徙，到鄱阳湖时体重已减轻一半甚至更多，越冬期间，它们需要充足的食物恢复体能，保证在次年 4 月份膘肥体壮，成功北迁，否则在北迁途中极易掉队、死亡。当地藕农辛苦种植半年的藕就这么被“夺走”，藕田几乎绝收，这令他们决定退租滨湖的藕田，而新接手的承租户则决定改种其他作物。

关爱濒危保护动物，不仅是国家、政府的职责，更是全社会的责任。面对白鹤越冬的艰难处境，江西校友们骨子里的长江精神驱使着他们采取行动。

摸着石头过河

民间力量如何更专业、有针对性地守护白鹤栖息地，这成为摆在江西校友服务团队眼前的一道难题。

长江商学院江西校友服务团队负责人熊衍保坦言：“我们的项目发起人、参与人虽然有过一些参与环保公益的经历，但在野生动物领域完全是两眼摸黑，内部没有太多可参考的经验。保护濒危野生动物是专业性极强的工作，项目难度非常大。在项目前期，我们仅调研鄱阳湖栖息地的生态情况就花费了大量时间。”

2021 年上半年，江西校友服务团队曾多次寻访江西省林业部门的动物保护专家，请教民间爱鸟人士，与当地百姓展开多次沟通合作，试图探索解决问题的最优方案。其中，被称为“白鹤的中国妈妈”的周海燕给予江西校友服务团队诸多指点与帮助，而她的故事更是鼓舞了江西校友服务团队的每一个人，让他们更加坚定地在守护白鹤的道路上走下去。

鄱阳湖五星垦殖场滨湖的人鸟争食问题一度令当时的江西电视台记者周海燕充满担忧：“湖内缺少食物，如果藕田也没有了，白鹤种群面临的险境可想而知。”为了给白鹤留下这块栖息地，周海燕迅速向社会发起了“留住白鹤行动”倡议，并于 2017 年初成立了中国南昌五星白鹤保护小区，以众筹的方式租下 300 亩藕田种植莲藕，供白鹤等候鸟食用。

白鹤保护小区面临巨大资金压力，一筹莫展之际，周海燕决白鹤。

白鹤。

定卖掉一套房子以维持白鹤藕田的正常运转。然而，即便卖了房子，周海燕仍然需要想尽办法节省资金。于是，她穿上笨重的水裤在藕田里亲自挑拣藕种，顶着酷暑与工人一起在藕田里除草。她从不计个人得失，一心扑在白鹤保护上。7 年来，周海燕倾力保护白鹤与湿地，这令江西校友服务团队校友为之动容。

时间与坚守让周海燕成为比专家更专业的爱心人士，江西校友服务团队与她保持着联系，彼此交流，也得到她很多专业的指点与帮助。“在白鹤候鸟栖息地，鸟类食物的需求量极大，而现有条件比较有限，常常供不应求。此外，在滨湖地区有不少养殖户，他们平时会丢弃渔网，而废弃的渔网会随水位变化漂移、散落在湖泊、田间、野外，极易对取食的越冬候鸟造成伤害。”周海燕为江西校友服务团队传授经验。

经过与周海燕等爱鸟人士的反复探讨，江西校友服务团队制定了项目方案。针对白鹤栖息地食源及安全问题，江西校友服务团队有针对性地扩大白鹤食源藕田的种植面积，与当地村民合作，捐赠莲藕种苗，在 3 月初种植，到白鹤迁徙至此的 10 月结束。此外，他们还组织校友和志愿者到白鹤保护区捡拾塑料垃圾、破渔网等，再进行集中处理。

在考察项目时，江西校友服务团队也察觉到，近年来，江西政府越来越重视白鹤栖息地的环境保护，加强了政策支持和宣传引导。2019 年 12 月及 2021 年 12 月，江西政府与中国野生动物保护协会成功举办了第一届、第二届鄱阳湖国际观鸟周，让国际社会了解鄱阳湖生态建设，唤起公众关注白鹤、保护白鹤的社会意识。

在种植藕田的基础上，江西校友服务团队计划开展白鹤保护宣传，捐资支持民间摄影爱好者及爱鸟公益人士的相关公益宣传活动。同时，他们还组织志愿者到保护区宣传野生动物保护法，逐渐扩大关注白鹤的群体。

“仅凭政府单方面保护白鹤是远远不够的，需要让社会多元主体共同参与其中。江西校友服务团队可以充分借助自己的人力物力，为白鹤提供一系列越冬保障。社会公众也是非常重要的参与主体，要让更多群众意识到保护白鹤的重要价值，全民行动、全民参与才能事半功倍。”熊衍保说。

白鹤的越冬天堂

从想法萌生到项目启动，短短 2 个月时间，江西校友服务团队便完成了白鹤栖息地的调研工作与方案制定。

2021 年 3 月 5 日，天边刚露出微微亮光，江西校友服务团队一行 9 人从南昌出发，驱车前往 50 公里外的鄱阳湖。春色湖光，水天一色，他们马不停蹄地赶往五星白鹤保护小区，布置藕田种植工作。

莲藕苗在每年的 3 月初种植，江西校友服务团队通过捐赠莲藕种苗、提供种植报酬的方式，聘请保护区的农民们种植，周期约半年。在这半年，校友们定期前往保护区，监督藕田的生长

春季种藕。

情况，直至九十月份迎来白鹤的大面积栖息。此时，校友们也会到保护区了解候鸟飞抵、生活的情况。

种植工作即将启动，江西校友服务团队却遇到了项目开展以来最大的挑战。在与农户沟通时，很多农户怀疑项目的初心与目的，不理解江西校友服务团队为什么要将那么多人力、物力投入到捐赠种藕、守护白鹤上。农户们也不理解，为什么校友服务团队要在种植过程中对时间、流程等方面提出诸多要求。

在此之前，江西校友服务团队很少遇到与项目对接方的沟通问题，一时间，项目无法正常开展。几名校友下到保护区，告知对方长江公益及校友服务团队的实际情况，也表达了白鹤保护的紧迫性，藕田种植对保护白鹤的关键价值。经过几轮深入攀谈，农户们充分了解到项目的意义，表示欣然接受。在接下来的种植期，藕农们也积极配合校友服务团队的公益行动。

然而到了夏天，他们又遇到了棘手的问题。

近年来，江西旱涝频发，2021年的夏、秋两季，鄱阳湖附近又出现了严重干旱。藕田补水与农田灌溉发生冲突。用于种植白鹤食源的用水属于生态用水，应优先于农业用水，但迫于当地农户稻田灌溉的需要，藕田用水只能让步。

面对藕田急需灌溉的急切现实，江西校友服务团队立即与林业部门的专业人士协商沟通，计划通过抗旱打井的方式解决干旱期的藕田用水问题。这对他们的公益能力又提出了新的要求。他们毫不犹豫，立即聘请专业工人，在保护区周围打井，为藕田提供水源，确保藕田种植。

“芦苇茫茫，千亩藕塘，水巷纵横，候鸟飞翔。”2021年11月，五星白鹤保护小区吸引了数千只白鹤从西伯利亚远道而来，它们翱翔在鄱阳湖开阔的湖面上，嬉戏觅食于茂密的芦苇间，藕田里灵动又飘逸的鹤舞，成为江西校友们眼中最美的风景。

据最新官方统计，在我国越冬的白鹤数量为5616只，其中绝大部分在鄱阳湖越冬。鄱阳湖的生态环境也在逐年改善。第二届鄱阳湖国际观鸟周期间，来自海内外的动物保护组织、基金会人员、摄影人士、观鸟爱好者都对鄱阳湖的白鹤保护工作给予了极高评价。数字和评价背后，是江西校友服务团队及民间、官方相关机构无数个日夜的辛苦付出。

“2020年末开始筹划，2021年初开始正式实施，项目至今

“关爱白鹤在行动”项目推动藕田种植。

一直在进行中。期间，校友服务团队多次前往五星白鹤保护小区，实地检查藕田种植、维护情况，与当地林业部门、护鸟人士进行交流。每年秋冬季，我们还会组织校友到保护区观鸟。近年来，到鄱阳湖越冬的候鸟种群和数量在逐年增加。看到越来越多的白鹤来鄱阳湖越冬，大家都充满喜悦与成就感。”熊衍保说。

未来，江西校友服务团队将持续开展“关爱白鹤在行动”项目。在原有项目的基础上，他们还将进一步加大保护白鹤的宣传力度，整合当地中小学校研学资源，组织广大中小学生到五星白鹤保护小区开展“伴我长大、伴我迁徙”主题自然教育，为保护鄱阳湖生态，保护白鹤等珍禽种群倾尽长江力量。

对话长江商学院江西校友服务团队负责人熊衍保

问：“关爱白鹤在行动”最大的社会价值体现在哪里？

熊：关爱濒危保护动物，不仅是国家和政府的职责，更是全社会的责任。只有发动全社会参与，发挥更多的民间力量，才能达到最佳效果。“关爱白鹤在行动”是江西校友服务团队倡导，校友们积极参与的集体公益活动。这期间，为扩大保护白鹤行动在当地百姓中的影响力，我们在组织校友积极参与藕田种植、清理垃圾的同时，还邀请志愿者到白鹤保护区周边做爱鸟、护鸟的宣传工作，为公益项目争取最大的社会关注度。

可以说，项目的最终效果完全超出了我们的预期。据权威机构统计，目前，白鹤种群数量已达到五千余只。经过全社会的努力，白鹤生存环境已在逐年改善。在历届鄱阳湖国际观鸟周期间，来自海内外的动物保护组织、基金会人员，都对大美鄱阳湖的生态文明建设和候鸟保护给予了极高评价。江西校友服务团队也会将“关爱白鹤在行动”持续开展下去。

问：“关爱白鹤在行动”从何时开始前期调研？

熊：在2020年末，校友服务团队组织小分队多次前往鄱阳湖考察调研，听取当地林业部门、护鸟队和老百姓们的意见建议。调研小分队前往永修县中国候鸟小镇吴城镇、南矶湿地国家级自然保护区等地区，最终我们选择在五星垦殖场开展关爱行动。

五星垦殖场紧邻鄱阳湖，属于平原地带，视野开阔，而且池塘、稻田、藕塘比较集中，是白鹤等候鸟喜欢栖息的环境。每年到这里越冬的候鸟数量多、品种全且集中。不利条件是，这么多候鸟栖息，鸟类食物需求量较大，现有条件比较有限，可能出现供不应求的情况。另外，由于滨湖当地有不少养殖户，平时会丢弃渔网，而废弃的渔网很容易随水位变化漂移、散落在湖泊、田间、野外，对取食的越冬候鸟造成伤害。

针对上述情况，我们在鄱阳湖五星白鹤保护小区扩大白鹤食源藕田的种植面积，清理白鹤栖息区附近的废旧渔网，也会动员更多民间力量共同参与白鹤保护。

问：保护白鹤栖息地是专业性极强的公益行动，江西校友服务团队借助了哪些外部力量？

熊：我们通过请教动物学专家，深入了解了白鹤的生活与觅食习性。我们了解到，白鹤喜爱在平缓的水塘觅食，常涉足10～20厘米深的滩地、农田和藕田。因此，在藕田设计时，我们充分做好坡度和进出水口高差设计，保证藕田整体水深常年控制在20厘米左右。

此外，我们也多次请教林业部门专家、民间爱鸟人士，就如何把公益行动实施得更好向他们取经求教，寻求最优方案。譬如，五星白鹤保护小区的周海燕女士是一位非常有爱心的民间守护者，她为保护白鹤坚守了 7 年，已成为比专家更专业的人士 ，我们经常与她保持联系，也得到周女士很多专业的指点与帮助。

问：您如何看待长江商学院“无公益，不长江”的理念？

熊：长江商学院创办院长、中国商业与全球化教授项兵博士曾提出，长江商学院培养的新一代商界领袖应具备三个核心精神：第一，全球视野与全球资源整合能力；第二，人文关怀与社会担当；第三，创新精神。我们长江校友在加入长江时就体验了“公益第一课”，将公益基因刻到了骨子里。

长江校友们做公益，不仅投入财力，更重要的是投入时间与精力。我们将商业领域的管理经验运用到公益项目中，创造性地解决社会问题，考虑商业决策的同时更考虑人类的长远利益。此外，我们的公益价值还与国家生态文明建设、可持续发展的战略方针高度契合、一脉相承。长江企业家们由富足的人生走向丰盈的人生，不仅为经济、社会、环境可持续发展贡献力量，也在为全球问题持续贡献中国方案与中国智慧。

撰文：张琢

案例点评

生态环境保护，尤其濒危物种保护，是专业性较强的公益行动。很欣慰的是，近年来，通过政府层面、公益组织以及更多公众的持续参与和付出，保护成效日益显著。

如何让民间力量参与生态保护常态化，并以其自身的优势形成借鉴和参考价值，也许是我们环保公益人更需要深思的问题。比如长江商学院江西校友服务团队开展的“关爱白鹤在行动”公益项目，就是将商业领域的管理经验运用到公益项目中，创造性地解决社会问题，考虑商业决策的同时更考虑人类的长远利益。

我也很认可长江商学院“无公益，不长江”的理念。长江企业家为经济、社会贡献力量的同时，也在为环境可持续发展贡献智慧，并激发和带动社会多元主体共同参与，通过全民行动、全民参与，为公益项目争取到最大的社会关注度。这和阿拉善SEE生态协会的环保价值理念完全相同，都是把商业化的经验与逻辑赋能在环保公益领域和项目上。不仅提供人力、财力，更重要的是提供生态环境保护的另一种方案——将社会资源和社会资本高效融合，寻求社会问题的解决，通过项目模式的创新与可持续性，让我们的地球家园更加美好。

张立（北京师范大学生态学教授、
阿拉善SEE生态协会副会长）

雨昕
公益基金

深耕医疗公益，
精准救助重疾患者

如何持续地对重疾患者进行精准而高效的救助？如何将商业与公益更好地结合？这是长江商学院 EMBA32 期校友刘婷婷自进入长江商学院后开始思考的问题。

秉持“公益不是一个人全力以赴，而是带动绝大多数人力所能及”的公益理念，刘婷婷在 2019 年设立雨昕公益基金（以下简称“雨昕基金”），对家庭困难的儿童肿瘤、胸壁外科、颌面外科重疾患者开展救助，并带动长江商学院 EMBA32 期 3 班及拓展队同学、公司员工共同参与公益。截至 2022 年底，雨昕基金已救助重疾患者 50 余例，救助金额过百万元。

2020 年，雨昕基金获得“中国胸壁外科领域慈善活动杰出贡献奖”。

与公益结缘

一切缘起于 2013 年。那一年，刘婷婷正在创业期，怀孕 31 周却早产了。女儿出生时只有 1.5 公斤，在温箱里住了 1 个月，之后患上重度病理性黄疸，被送入南方医科大学珠江医院住院治疗。

在珠江医院儿科病区，刘婷婷注意到，左侧病区走廊上的孩子全都戴着口罩，头发也被剃光，右侧病区却无人这样。女儿的主治医生杨丽华告诉刘婷婷，左侧病区的孩子都患有白血病。

刘婷婷在雨昕公益基金成立仪式上讲话。

白血病患儿就医的场景给刘婷婷留下了深刻印象。彼时的她正忙于创业，无暇帮助他人。女儿病愈后，刘婷婷定期带她往返医院复查，慢慢与杨丽华医生熟识起来。3 年后，刘婷婷的企业渐入正轨，一次复查时，她向杨丽华医生提议资助白血病孩子治疗。

刘婷婷的提议来得及时。当时珠江医院的小儿血液科正处于发展壮大时期，随着住院病人逐渐增加，医生们看到越来越多因贫困而放弃治疗的家庭。然而，珠江医院官方对接的慈善捐赠较少，医院本身的年度救助额度也十分有限，许多亟须救助的患儿很难申请到资助。

"儿童白血病的预后相对较好，尤其是急性淋巴细胞白血病患儿的长期生存率达到 90%。对这些小生命来说，放弃治疗真的太可惜"，杨丽华说，"所以当时我联系了身边几个企业家朋友，希望能为那些贫困孩子多争取一些资源和机会。恰好刘婷婷女士也在考虑慈善捐赠，我们就这样一拍即合了。"

随后，刘婷婷与杨丽华开始设计捐赠如何落地。

首先，是筛选救助病人。受限于客观条件，刘婷婷和杨丽华很难实地走访患儿家庭以调查家庭经济情况，他们只能根据患儿的家庭结构、父母职业、家人健康状态等方面做初步判断。符合以下情况的患儿将优先得到帮扶：病情非常危急，短期需要较多医疗费用，但仍然具有治疗价值的病人；单亲家庭的孩子或孤儿；父母存在残障情况，或多人患有重大疾病，经济负担较重的家庭。有些家属出于隐私、尊严等因素不愿意反映真实情况，刘婷婷和杨丽华有时也会建议家属提供所在村镇出具的贫困证明。

其次，是确定捐赠的数额和方式。杨丽华建议避免对某一个患者一次性捐赠过多，如此也许会适得其反。杨丽华回忆，此前有爱心人士给一个白血病患儿捐款 70 万元，但孩子家长却拿钱跑路，一家人因钱财如何分割而争执不下，最后孩子也未得到有效的治疗。同时，善款该如何交付也是个问题。倘若善款交由患儿父母，这笔捐赠未必会用于治病。而若将善款直接打至医院账户，也存在医院内部贪腐、财务调动等管理风险。

综合考虑各种因素，刘婷婷决定每个月救助 1 名白血病患儿，捐助金额为 1 万元，款项直接存入病人的住院卡，以确保救助金切实被用于疾病救治。2016 年，刘婷婷捐助 12 万元救助了 12 名患儿。

后来，同学郝巍建议刘婷婷通过长江商学院广东校友服务团队成立的公益基金会——广东省长江公益基金会（以下简称“广东长江公益”）进行捐助。广东长江公益在 2016 年 5 月发起“护曦行动”早产儿医疗支持计划，与包括珠江医院在内的广东多家医疗机构建立了合作。郝巍提议，善款通过广东长江公益来捐赠交付更为正规与通畅。

刘婷婷接受了同学的提议。2017—2018 年，刘婷婷通过长江公益基金会捐款 24 万元，救助了 24 名白血病患儿。

雨后彩虹

2018 年 9 月，刘婷婷就读长江商学院。开课第一天上午，朱睿教授讲授了何为“无公益，不长江”，下午嘉宾任志强分享了商业与公益如何完美结合。刘婷婷深受启发，开始思考如何将手头的公益项目做得更好。

之后，刘婷婷在课堂论文中设计了初步的公益架构，又主动找到广东省长江公益基金会寻求帮助。

基金会建议她设立一个个人专项基金：“根据《广东省长江公益基金会项目管理制度》，专项基金的设立门槛是 100 万元，设立后有专业团队给予项目管理支持。如果你经济上有压力的话，100 万元可以不用一次性到账，只要在一定时间内达到这个捐赠额即可，但前提是你打算发自内心地长久做公益。”

对刘婷婷而言，她确实打算持续从事公益，如此算来，100 万元甚至 200 万元都不算多。考虑到自己目前的经济实力和承受范围，刘婷婷决定先签约 100 万元捐赠数额。

讨论到专项基金的名称，在场的骆丹提议以刘婷婷的微信昵称“雨昕”来命名。这个名字源自刘婷婷的师傅，寓意是“雨后彩虹”，彩虹象征着希望，与雨昕基金在患儿家庭中扮演的角色契合。

在设计雨昕基金的救助范围时，刘婷婷考虑到，早期资助的白血病救治与自己的专业相距甚远，为了雨昕基金的长远发展，刘婷婷决定将公益与自己的业务优势关联起来。她的公司聚焦三类高值医用耗材，涉及颌面外科、心胸外科、骨科等专业领域。因此，胸廓畸形和颌面外科重疾患者也被纳入雨昕基金的救助范围。

刘婷婷出身外企，注重制度规则，拿出近一个月时间与广东长江公益深入沟通、签订捐赠协议。协议明确规定了基金的资金使用方式、各方的权利责任等等，并根据不同救助对象制定了相应的管理办法，最终形成《广东省长江公益基金会雨昕公益基金管理办法》《雨昕公益基金儿童白血病救助管理实施细则》《雨昕公益基金心胸外科重大疾病救助管理实施细则》和《雨昕公益基金颌面外科重大疾病救助管理实施细则》，确保救助实施过程有明确且合理有效的标准和流程。广东长江公益也对雨昕基金提供了较大支持，不仅免收管理费，还承担实施公益项目的人力和行政成本。

"我们和广东长江公益反复讨论，最终确定被救助者一定要满足两个硬性条件：第一，被救助家庭要有行政事业单位出具的经济贫困证明；第二，病人在医学上是可被救治的。"刘婷婷介绍。

在救助流程上，雨昕基金设置了四道审核关：医院主治医生推荐，项目专家审核，雨昕基金管理委员会（管委会）审核，广东长江公益复核。雨昕基金管委会需在 5 个工作日内完成审核，并及时拨付救助金于患者的治疗医院。

"主治医生负责判定患者在雨昕基金的救助范围内。比如医生确诊对方患有白血病，并了解对方因为贫困交不起医药费，由此医生才能将患者推荐给我们。随后我们的工作人员联系患者，协助准备申请材料，同时我们会组织主治医生之外的其他专家复核，以确认患者的情况属实及判断患者是否可被救治。待所有材料都准备齐全并通过管委会审核后，由管委会负责人和我签字确认，救助金才能拨付。”刘婷婷说。

因有如此严谨的审核流程，雨昕基金成立以来，除了两次修改救助范围，基金的管理办法几乎没有变动，也未在救助过程中引发任何纠纷。而在具体救助中，这套流程帮助基金精准高效地发现患者，救助患者。

2021 年，杨丽华接诊了一个急性早幼粒细胞白血病患儿。孩子的父亲入狱，母亲离异出走，孩子只得与爷爷奶奶靠低保生活。孩子的病情发展迅速，得知需要高昂医疗费，孩子的爷爷当场告诉医生无力治疗，准备带孩子回家。“我忘不了那个孩子当时看我们的眼神，真让人心疼。”杨丽华回忆。

随后，杨丽华为孩子申请了几个医疗公益基金，但孩子的爷爷执拗地想要放弃治疗。杨丽华只得安抚孩子爷爷，“那就用一周的药物让孩子舒服点回家吧”。之后，雨昕基金在一周内完成资料审核并打款到账，期间杨丽华和其他患者家属也说服了孩子爷爷坚持治疗。“目前这个孩子已经结束治疗回去上学了。如果没有第一个阶段雨昕基金的救急，可能我们后来的苦口婆心也无济于事。”杨丽华感慨。

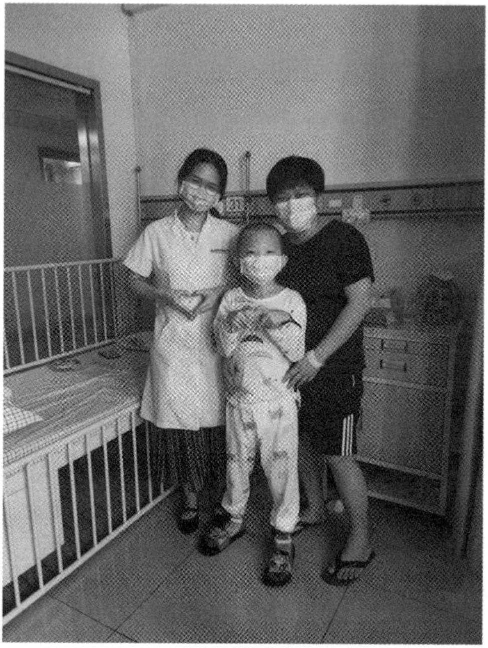

“雨昕公益基金”救助的儿童肿瘤患者。

当你想做公益，老天爷都会帮你

按照刘婷婷的设计，想要开展系统性的公益救助，医疗专家的支持十分重要。为此，她走访、说服多位医疗专家参与到基金救助工作中。但她很难与时任广州医科大学附属第一医院、广州呼吸健康研究院院长，广东省胸部疾病学会会长何建行取得联系。她知道，假如能邀请到这位广东省心胸外科的泰斗级人物担任基金专家组成员，将吸引到更多心胸外科专家。

2019年1月的一天，刘婷婷在广州白云国际机场候机，看到一个人外貌与何建行相仿，便上前询问，居然正是何建行本人。二人的目的地同为上海，但不在同一个航班。刘婷婷提出邀请对方做雨昕基金专家组主席的想法，并想改签与他乘坐同一列航班，不巧那列航班已经满员。随后，何建行主动改签到刘婷婷所在的航班。在从广州到上海的飞行途中，刘婷婷向何建行详细介绍了自己从事公益的心路历程及雨昕基金的发展情况。何建行听得动容，随后便应邀加入雨昕基金。

雨昕公益基金专家组专家。

“那时还有两个月雨昕基金就要启动了，如果没有在机场遇见何院长，我估计之后也很难有办法邀请他担任主席。”刘婷婷感叹，“当你想诚心做公益的时候，任何人都会帮你，甚至老天爷都会帮你。”

2019 年 3 月 11 日，广东省长江公益基金会雨昕公益基金成立仪式在广州召开。长江商学院广东校友服务团队名誉负责人梁军、秘书长黄挺，广东长江公益理事长王泽瑶，各大医院心胸外科和儿科专家，以及来自长江商学院广东校友服务团队和全国各地的 EMBA 32 期校友等近百人出席见证。

仪式上，校友们纷纷献上自己的爱心和支持，其中，刘婷婷所在班级 EMBA 32 期班长向雨昕基金捐赠 10 万元，她所在的拓展队 32 期 14 队捐赠 14 万元。刘婷婷的女儿还将自己拍广告

雨昕公益基金成立仪式在广州召开。

所赚的第一笔酬劳 600 元捐赠给雨昕基金。

此后，在何建行建议下，刘婷婷将儿童肿瘤患者也纳入救助范围，并将每例救助金由 1 万元增至 2 万元。

世界顶级水平的公益救助

设立 1 个多月后，雨昕基金就成功实施了第 1 例公益救助。

来自内蒙古的阿华（化名）是一名 16 岁的窒息性胸廓发育不良患者。这种疾病非常罕见且极度凶险，患儿一出生就会因胸廓狭小而呼吸困难，有些孩子则会因窒息而亡，阿华的妹妹就因此在 7 岁时离世。

阿华虽然幸运地活到了 16 岁，但窒息症状越来越严重。为避免同样的悲剧再次发生，阿华的父亲带着她四处求医，但所有医院都表示无法治疗。绝望之中，阿华的父亲在报纸上了解到广东省第二人民医院的王文林教授是全国胸廓畸形治疗领域首屈一指的医生，便带着女儿前往广州寻求最后一丝希望。

虽然王文林教授可以治好阿华，但由于交不起手术费，阿华再次陷入困境。眼看可以被救治的病人迟迟无法开展手术，王文林十分忧心，他向医院领导申请减免手术费用，同时也联系雨昕基金寻求救助。王文林教授也是雨昕基金专家组成员。作为中国胸壁外科的创始人、中国胸壁外科联盟主席，他在 2008 年首先提出胸壁外科的概念，2018 年创立了全球第一家胸壁外科，

2023 年初创建了全球第一家胸壁外科专科医院。

了解阿华的情况后，雨昕基金立即派专人辅助申请及审核，3 天内将 2 万救助金打到阿华的住院账户。

有了经费保障，2019 年 4 月 18 日上午，王文林教授对阿华进行手术，历时 4 小时的手术非常成功。术后阿华完全康复，终于拥有了正常人的生活。

据王文林教授介绍，阿华所患的窒息性胸廓发育不良是胸廓畸形中最危险的一种，手术也最具挑战性。全球可以实施这项手术的医生不超过 5 个人，而他目前所在的广东省第二人民医院胸壁外科研究所现已实施过 39 台手术。

“资料显示，胸廓畸形的总发病率约为 1%，但是目前大家对这种疾病的认识不足，整体的治疗也不够规范”，王文林教授

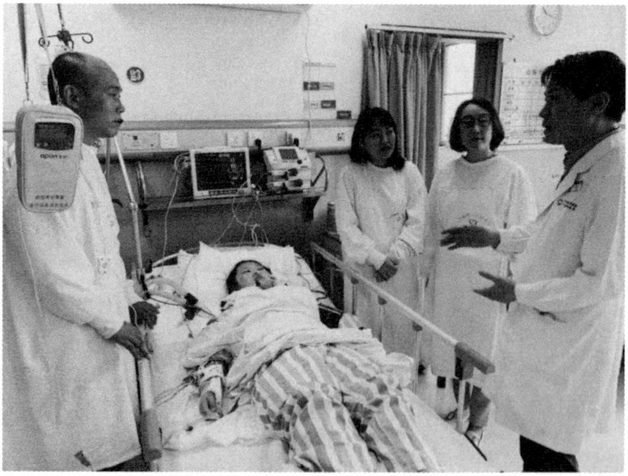

王文林主任看望窒息性胸廓发育不良患者阿华。

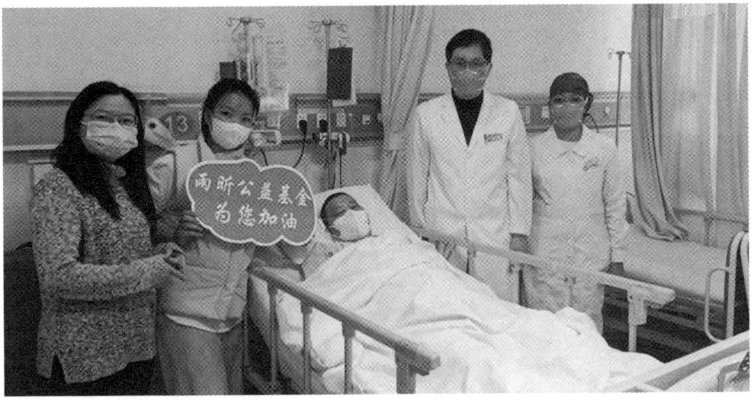

雨昕公益基金救助心胸外科重疾患者。

介绍，“很多患者病情紧急，而且家里比较贫困，如果不救治的话可能命就没了。雨昕基金发挥了非常好的社会功能，真正抓住了痛点，脚踏实地帮助患者，一项救助就是在挽救一个生命甚至一个家庭。”

2020 年，雨昕基金获“中国胸壁外科领域慈善活动杰出贡献奖”。目前，雨昕基金仍是国内唯一针对胸廓畸形设立救助项目的公益基金。

2019 年至 2022 年，雨昕基金共救助儿童肿瘤、胸廓畸形和颌面外科重疾患者 50 余例，救助金额超过百万元。除此之外，在 2020 年新冠疫情和 2021 年河南水灾期间，雨昕基金还紧急采购 367640 元应急医疗及生活物资，驰援一线。

从事公益至今，刘婷婷仍然保持着一种纯粹：“我做公益不为别人，我的想法很简单，就是用一种合理合规的方式，力所能

2021年7月，雨昕公益基金驰援河南水灾。

及地帮助我见到的受苦受难的人。有时我会收到一条短信，短信里说‘谢谢你，我现在已经康复了’，其实我都不记得他是谁了，因为这些年确实救助过不少人。”

受近两年经济形势的影响，雨昕基金收到的社会捐赠不多，基本只靠刘婷婷的企业利润输血，但她相信只要活过这段时间，待一切慢慢复苏，还会有更多人受感召而加入进来。

对话雨昕公益基金发起人刘婷婷

问：您怎么运用商业智慧、商业经验来做公益项目？

刘：我认为长久地做公益和长久地做企业是一样的，所以在设立雨昕基金之前，我非常注重制度的制定和风险的规避。在选择救助范围时，我也选择了自己的专业——心胸外科和颌面畸形，而不是选择我不熟悉的领域，如此可以节约时间和精力成本。这些都是商业思维。

而在救助金额的设定上，我将每次的救助金额明确为 2 万元，而不是视患者疾病情况而定的区间范围，这也是经过审慎考虑的。因为做公益项目，不仅要有热心、爱心、实力和管理能力，还要懂人性。

问：长江商学院的公益与社会创新教育对您有哪些影响？

刘：长江商学院的公益与社会创新教育帮助我将公益理论转为公益实战，并将商业与公益完美地结合在一起。长江商学院无时无刻不在提公益与社会责任，这启发我优化我的个人公益，从而建立了雨昕基金。

问：您怎么看待商学院的社会价值？

刘：我认为商学院的社会价值在于它的影响力。商学院可以通过影响企业家来影响更多的人。比如在我公司，公益是企业文化的重要部分。在新冠疫情期间，我组织大家捐赠，而我的员工也会参与到雨昕基金中，大家一起做公益。

另外，通过雨昕基金，我又为整个口腔圈、心胸圈带来了公益的声音和行动，这也许会启发、带动更多人来做公益，就像在播种公益的种子。在我看来，如果精英阶层不能传播正能量，不能对社会有所帮助的话，那是很危险的。而商学院就是在精英阶层中传播正能量，再经由他们将正能量传递到整个社会。

对话广东省长江公益基金会副秘书长张燕

问：广东省长江公益基金会采取哪些方式支持雨昕基金的发展？

张： 广东长江公益为雨昕基金筹建专项基金管理委员会，制定《广东省长江公益基金会雨昕公益基金管理办法》，协助组建专家顾问和审核团队，根据不同的救助对象制定相应救助执行细则，确保救助实施过程有明确标准、流程，且合理有效。雨昕基金通过医院主治医生推荐，项目专家审核，雨昕基金管委会审核，广东长江公益复核四道审核关，3—5个工作日完成申请，审核，拨付救助金到患者治疗医院，做到了审核严谨、精准救助。

广东长江公益还尝试推动项目面向公众筹款。2021 年广东长江公益与中华少年儿童慈善救助基金会建立合作，助力雨昕基金获得公募资格，上线腾讯公益乐捐平台。在腾讯“99 公益日”期间，项目发动多位雨昕基金专家参与，带动 1100 人次共计 73254 元的捐赠，可救助 3 名困难家庭儿童肿瘤患者。

广东长江公益在履行监管职责的同时做到信息公开，每一例救助的申请资料真实有据，每年都会形成项目年度总结报告，将项目实施过程、项目救助名单通过网站、报告向公众、捐赠人、合作医院、专家团队、志愿者进行披露公示，确保公开透明。

对话长江商学院广东校友服务团队公益委员会联席主席，广东省长江公益基金会副理事长胡宇航

问：您认为雨昕基金项目有什么特点?

胡：首先，从校友自发性捐赠到设立公益项目。刘婷婷校友最初是个人每年小额捐赠，后来参考“护曦行动”模式，设立专项基金，进行项目化运作。项目发挥校友企业自身优势，让公益基因植入企业文化，在企业发展的同时回馈社会。譬如整合企业相关领域医疗专家资源，通过基金会在医疗项目中探索出快速审核流程，这让项目专业、高效并可持续。这就是我们一直提倡的长江人的智慧公益!

其次，聚焦社会低关注领域。项目救助颌面外科、心胸外科等的重疾患者，这两个领域在国内很少有医疗救助项目涉及。雨昕基金也是目前国内唯一针对胸廓畸形开展救助的公益项目，也许一次资助、一次手术就能改变患者的一生。

最后，项目以点带面，发动更多人参与。公益不是一个人做了很多，而是每个人都做了一点点。刘婷婷校友在资助患者及时治疗，重获新生的同时，亦积极带动长江 EMBA 32 期 3 班及拓展队同学、公司员工加入公益，成为捐赠人或探访志愿者，并发动救助相关领域的专家加入专业审核队伍。

问：广东省长江公益基金会助力校友们设立了不同的专项项目，

请结合经验谈谈您对专项项目支持模式的思考。

胡：为了满足校友们在商业向善、慈善实践方面的多元化需求，广东长江公益一方面重点在教育、医疗领域分别设立“苔花开”乡村儿童美育计划、“护曦行动”早产儿医疗支持计划等集体公益项目，探索创新公益模式；另一方面通过设立专项项目支持企业家们的个性化公益需求，并借助基金会进行专业运作，让企业家们的爱心付出能更规范有效地落地实施。目前，专项项目的方向受企业家个人背景、地域环境、企业理念等众多因素影响，呈现多元化发展特色。

为使基金会效率最大化，我们对专项项目设立了严谨的审核标准。未来，结合捐赠人和项目的特点与需求，基金会将开展专项项目的个性化服务，如组织志愿活动、开展项目座谈会等，让校友们的爱心有更多实现途径，同时提升基金会和项目的影响力。广东长江公益将通过专业、规范的服务体系，提升公益效率，公开透明地运作好各专项项目，成为广大长江商学院企业家可信赖的公益合作平台。

问：广东省长江公益基金会都采取哪些方式服务校友们的公益需求，扩大公益平台的影响力？

胡：自成立以来，广东长江公益秉承“凝聚商业智慧，绽放美好生命”的使命，倡导“四出”精神，带动更多的热心企业和个人加入公益队伍，共同发挥企业家的商业智慧与爱心。广东长江公益重点通过“苔花开”乡村儿童美育计划和“护曦行动”早产儿医疗支持计划两大集体公益项目，探索针对弱势群体的教育及医疗公益创新模式，并辐射、影响更广泛的地域，产出更大的公益效益，把广东长江公益塑造成长江商学院企业家集体践行公益的金字招牌。

为此，我们积极探索践行公益的多元化方式，为公益项目链接更多资源。例如：

在班级层面，2022 年，长江商学院 EMBA 35 期 4 班、5 班，EMBA 37 期 2 班分别结合“苔花开”“护曦行动”项目举办了班级集体公益活动，校友们参与度高、体验感强，反馈很好。

在校友服务团队俱乐部层面，长江商学院广东校友服务团队高球队持续 4 年多在赛事中开展“公益洞”活动，涓涓爱心，积流成海，支持“苔花开”乡村儿童美育计划的发展。

在校友企业层面，广东长江公益积极推动商业与公益相结合，相促进。如 2021 年基金会与管毅宏校友企业“九毛九”联合发起“让家更完整”公益活动，为“护曦行动”早产儿医疗支持计划筹集资金，救助 5 名困难家庭早产儿。

在“长二代”层面，广东长江公益尝试策划亲子公益等活动，推动长江人公益精神的传承与发扬。2022 年暑假，基金会与亲子俱乐部合作，组织“长二代”到广东长江公益的起源地沟美小学，进行为期 5 天的支教助学活动。

“无公益，不长江”是植根于长江人血液中的基因。展望未来，广东长江公益的慈善初心与理念不曾改变。在长江校友们的倾力支持下，基金会将持续倾注大爱支持公益事业的发展，坚持创新实效的原则，帮助受助对象未来的可持续发展。期待更多有爱心、有社会责任感的企业家、精英人士加入，将广东长江公益建设成“企业家集体公益事业的引领者”，推动公益慈善事业长远发展。

撰文：岳颖

案例点评

广东省长江公益基金会雨昕公益基金，聚焦家庭贫困的儿童重疾患者，是一个小而美的公益项目，有三方面的亮点。

第一，合规。诚信、公开、透明、合规是对公益机构和公益项目的基本要求。雨昕基金从诞生的第一天起，就十分重视合法合规。从救助对象筛选，到救助流程审核，每一个环节都做到了有章可循，有据可查。

第二，专业。在选择大病救助的领域时，雨昕基金发起人刘婷婷将救助范围与自己的业务优势关联起来，把胸廓畸形、颌面外科重疾患者纳入救助范围，以便更专业地整合有效资源。另一方面，雨昕基金把所救助领域的顶级专家拉进来，组成强有力的专家团队，保证了救助效果，让公益更专业、更有效。

第三，合作。刚开始，刘婷婷只是作为一个病患儿家属，见到病房的白血病儿童的遭遇，萌发了做公益的念头。后来，她与杨丽华医生合作，开展大病救助。再后来，有了“无公益，不长江”的广东长江公益的强力加持，成立了雨昕基金，而且还与中华少年儿童慈善救助基金会合作，获得了公募资格，开展网络众筹，一步一步走向正轨。

对于雨昕基金，我有两点建议：

第一，关于公益与商业的合作，雨昕团队也提到过这个问题。用商业思维，从市场出发，让公益救助更有效率，让公益项目可持续发展，雨昕团队背靠长江商学院这颗大树，可以整合更多的商业智慧和资源，促进雨昕基金的蓬勃发展。

第二，加大互联网筹资力度。筹集善款是公益救助的前提，互联网众筹对当下公益机构和公益项目而言是最有效的筹款渠道之一。通过网络众筹，一方面能够多筹善款，让更多患者得到及时救助，另一方面也能引起更多人对项目的关注、监督和支持。建议雨昕团队加大网络众筹的力度，加强与腾讯、阿里巴巴、抖音等互联网平台的合作，筹到更多善款，帮助到更多需要帮助的人，让雨昕基金像雨后彩虹一样，既美丽又温暖。

胡广华（中华社会救助基金会副理事长）

童伴妈妈

爱的接力，守护每一个留守儿童

2012年11月，贵州毕节七星关区5名男孩在垃圾桶内取暖，随后一氧化碳中毒。3年后，同样在七星关区，4名留守儿童在家中服农药自杀。

自5名流浪儿童之殇始，农村留守儿童议题便引发社会广泛关注。然而3年后悲剧竟重演，这暴露出留守儿童问题仍不容乐观。长江商学院EMBA37期学员、中国乡村发展基金会执行副理事长刘文奎回忆："这两件事对基金会同事冲击很大，我们应当为这些农村孩子做点什么。"

作为国内面向乡村发展规模较大的基金会，中国乡村发展基金会着手调研、探索留守儿童问题的解决方案。

留守儿童的困境

如何保障留守儿童的健康成长，是留守儿童问题的核心。

留守儿童群体长期与父母分离，缺乏照料，面临诸多人身安全隐患。据中国乡村发展基金会调研，大部分留守儿童与祖父母或其他亲戚共同生活。这些照料者平日忙于日常劳作，难以及时发现孩子的需求。即使孩子主动提出需求，这些需求通常也无法被满足。

长期处于被忽视的境遇中，得不到回应的孩子往往停止提出需求。孩子的问题不断累积，直到不得不解决的境地，然而他们的监护人仍缺乏足够的能力与资源来解决问题，如此便形成一个恶性循环。

有人呼吁出台“禁止外出务工”“强制外出务工父母必须带着孩子”等政策来根治留守儿童现象。然而根据中国乡村发展基金会多年的农村工作经验，在现阶段中国经济发展环境下，阻止贫困地区人口外出务工是不切实际的。

在此基础上，中国乡村发展基金会提出一个更现实可行的解决方案。以村为单位，聘请一位专职“妈妈”，监护全村的孩子，同时翻新村委会部分公共空间，给孩子搭建一个课后写作业、玩耍的“童伴之家”。

这样一来，即使家长外出打工，留守儿童的安全和身心发展问题也能得到一定纾解。

助力基层，赋能“妈妈”

2015年上半年，留守儿童的悲剧再次发生，几个月后，刘文奎便带着基金会成员前往四川。

“童伴妈妈”项目首选四川开展试点。项目的理念和模式很快得到认可，开始在贵州、江西等地推广。至今，全国共有1500多位童伴妈妈，惠及近77万名留守儿童。

“童伴妈妈”项目能有效落地，一个重要因素是得到了各地政府的切实支持。

项目建立了中国乡村发展基金会、省、县、乡、村五级纵向管理体系，以及以县项目办为核心的横向联动机制。在项目县，所有与儿童福利相关的政府部门，譬如民政局、教育局、公安局、卫生局、团委等等相继与中国乡村发展基金会配合落实“童伴妈妈”项目。民政系统的留守儿童专员负责督导“童伴妈妈”项目的日常工作，同时，中国乡村发展基金会在背后提供数字化管理支持，双方达成一种平衡的合作关系。

在刘文奎先前的印象中，许多地方政府部门不愿意与社会组织一同推进项目。但在实际走访过程中，他发现政府部门不仅配合，甚至还投入一定资金为基金会做好配套工作。“为什么政府喜欢这个项目，并协助基金会在各地推广这个项目？项目受欢

刘文奎、长江商学院校友与孩子们一同玩耍。

“童伴妈妈”向长江商学院校友介绍童伴之家里的儿童情况。

迎背后是它切实解决了当下突出的留守儿童问题。”刘文奎说。

在“童伴妈妈”项目开设之前，孩子们遇到问题不知道该找谁，即使偶尔找到相关人员，因为岗位的流动性，他们也无法持续为孩子们解决问题。政府一方面担心孩子的安危，另一方面又因人手不够而工作压力剧增。“童伴妈妈”项目既保障了留守儿童的安全，也帮助政府部门各司其职，发挥所长。

在为政府提供创新解决方案的同时，“童伴妈妈”项目也赋予了童伴妈妈们无限的能量，帮助她们提供更高质量的服务。

在日常化管理及给予补贴之外，中国乡村发展基金会定期面向童伴妈妈开展培训。童伴妈妈们不是专业社工出身，她们通过培训学习实用性服务技巧，包括如何入户家访，如何与孩子们沟通，如何从专业化角度注意儿童服务中的各种细节，等等。

基金会组织绩效前20%的骨干“童伴妈妈”向新手“妈妈”传授经验。这些“童伴妈妈”通过培训走向专业化社工道路，同时也在陪伴儿童的具体实践中不断自我成长，找到自己在社会上的职业立足点。

无公益，不长江

作为一名公益人，刘文奎关注社会问题的解决与社会价值的实现。自就读于长江商学院，他从老师及校友身上学到了企业家高效的思维模式，更自觉地在追求社会绩效的同时关注企业需求。

面对公益人，长江商学院扮演提升公益人领导力的角色；面对企业家，长江商学院提供商业向善的氛围及行胜于言的走访调研机会。

作为长江商学院 EMBA 37 期 1 班的公益委员，刘文奎承担起社会创新的责任，带领全班 21 位同学前往江西吉安万安县考察。同学们近距离体验童伴之家的日常主题活动，也亲身感受这一项目给孩子们带来的温暖与快乐。

在此次公益之行中，长江商学院 EMBA 37 期 1 班同学们向

长江商学院 EMBA37 期 1 班赴江西吉安童伴之家进行实地探访。

中国乡村发展基金会捐赠了 30 万元，用于支持在两个村落开展“童伴妈妈”项目。此外，同学们还额外捐赠了 100 余万元的母婴产品。同时，同学们也积极带动更多人参与公益，以促进社会可持续发展。

这正是刘文奎所提到的创新为公益带来的变革力量。长江商学院与公益组织强强联手，一方做倡导，供应资源，一方提供专业化管理及基层服务。

“童伴妈妈”项目的稳定运行从根本上解决了留守儿童的安全问题。未来，中国乡村发展基金会计划持续扩大项目覆盖范围，进一步复制及推广项目模型，引入更多儿童福利项目，搭建儿童福利网络，全面支持留守儿童的健康发展。

童伴妈妈项目捐赠仪式。

对话中国乡村发展基金会执行副理事长刘文奎

问：就读商学院前后，您对公益和商业的理解有什么转变？

刘： 首先，我关注社会问题、社会价值的角度一直没有改变。但就读商学院后，在和教授、同学们的交流过程中，我了解了企业家们如何看待公益与企业的关系。因此，我未来在追求社会绩效的同时，也会更自觉地关注企业的需求，并在自己做项目时，更有意识地运用企业的方法，在工作中提高效率。

问：您怎么看待长江商学院"无公益，不长江"的公益理念与学校整体的公益氛围？

刘： 正是在贯彻"无公益，不长江"的理念中，长江商学院逐渐形成浓厚的公益氛围。长江商学院在业界较早提出"商业向善"这个概念，并真正拿出真金白银，譬如给公益生提供奖学金，来付诸行动。

长江商学院的一些教授专门开课来讲"商业向善"的理念，引导企业家们在追求企业利润的同时，能关注并解决社会问题。这些都是非常具有社会价值的创新，尤其契合我们从脱贫攻坚到高质量发展、共同富裕的社会阶段。

长江商学院不仅追求公益理念，而且拿出资源来倡导、推动企业家们解决社会问题，帮助公益组织提升领导人能力等等，这些行动均契合国家的方针政策。作为一个商学院，我觉得长江商学院承担了非常了不起的社会创新责任。

问：在推动公益项目上，长江商学院有哪些优势和劣势？您有哪些切身体会？

刘：从我自身出发，我的感受是非常明显的。

因为我在基金会工作了 20 多年，在参加长江商学院课程之前，我从事的都是相对传统的公益项目，譬如募捐与捐赠。而我之所以就读商学院，是因为最近几年我在推动社会企业，包括我们原来的中和农信项目，也是运用商业方法来解决社会问题。

社会企业虽然以社会价值为先导，但本质上是企业。社会企业如何获取并应用资源，如何成长发展及管理，如何创造更大的社会价值等，这些都需要一定的工具和方法，而这些正是我相对欠缺的。

长江商学院关于公益与商业的创新教育正是我所需要的，我在商学院学习得非常开心。商学院教授们给予我很多指导，包括作为我公司的顾问给予具体的建议与资源。长江商学院也提供一个平台，我做的项目可以得到更多同学、企业家的指导，他们也以各种方式来支持我。长江商学院是一个公益与商业结合的社会创新的品牌。

此外，长江商学院的企业家都经过层层筛选，既有很强的实力，也认同长江的商业向善文化。长江商学院在推动公益事业与公益项目创新，及提升公益组织从业人员能力方面均发挥了有效作用。

问：您认为商学院最适合推动哪种公益项目？

刘：我认为，应该没有长江商学院不适合推动的公益项目，只是两者结合的程度有所差别。传统的项目，如助学、捐赠，也可以像“童伴妈妈”项目那样给商学院同学们切身参与的机会。除了资金的捐赠，企业家可以有多种参与方式，比如智力的输出、眼界的拓宽等。社会企业可以将企业与公益紧密结合，将企业的经验、方法应用于自身，甚至还可以在机会、人才资源、销售渠道等方面互通。企业还可以助力社会价值的传播。

问：商学院对公益项目的推动，与传统公益机构对公益项目的推动有何不同?

刘：商学院推动公益项目有两种方式。第一个是倡导商业向善。原本一些企业家可能不太关注社会问题，在企业经营过程中反而制造更多社会问题、环境问题与劳资问题等。但经过商学院的教育，企业家们更关注社会问题，具备了社会治理的视角，会避免制造社会问题，还更愿意参与公益活动，更关注如何推动解决社会问题。

秉持企业向善的理念，企业家们既能做好内部治理，也更有可能主动拿出资源参与解决社会问题，包括志愿行动、社会捐赠、推动公益项目等。凡是就读过长江商学院的企业家，大部分都是有所行动的。

另外，长江商学院也帮助学员链接更多资源，有利于解决企业的短板和需求。

问：长江商学院给予童伴妈妈项目哪些支持？

刘：“童伴妈妈”项目旨在解决留守儿童无人监护现状及其引发的一系列问题。这个项目为留守儿童问题提出了一套解决方案，虽然项目运营了七八年，但影响力还不够大。长江商学院同学的参与，一方面可以帮助项目覆盖到更多孩子，另一方面也扩大了项目的社会影响力。

撰文：马明浓

案例点评

多方合力，在民生福祉改善中实现公益价值。

童伴妈妈项目以童伴妈妈为抓手，以童伴之家为平台，建立市、县、乡、村留守儿童监护网络，探索农村留守儿童福利与权益保障的有效途径，取得了良好的效果。项目执行中，中国乡村发展基金会动员并整合了政府、社会和市场三极的优势，织就了一张留守儿童的保护网，既为儿童福利与保护，也为我国多方合力治善提供了样案。

第一，瞄准民生问题，政社合力探求解决之道。政社关系是公益慈善发展须处理好的重要关系。很长时间以来，公益组织普遍反映的一个问题便是项目很难获得地方政府部门的信任与支持，而“童伴妈妈”项目提供了政社合作的良性案例，这充分说明，政府与公益慈善组织间可相互促进。一方面，项目与政府职能的互补有助于公益慈善项目的落地与效果达成；另一方面，公益组织探索出来的经验模式可为制度政策的制定提供决策参考。两者互促的关键在于瞄准共同关注的议题，为共同目标各司其职之时各展所长，形成合力共同探求优化办法。这个共同目标在民生福祉议题上更易达成，如扶危济困、扶弱助残等。

第二，聚焦社会价值，商善融合着力创新之法。商业组织是公益慈善发展的重要参与主体。商业向善亦有“本我”“自我”与“超我”三重状态，以商为本、理性承担社会责任与追求社会价值往往同时存在于商业组织本体。商业价值与社会价值的双轮驱动可助力商业组织葆有生命力，实现持续性创新；而对商业资源和运作方法的合理吸收借鉴亦可为公益慈善注入活力与动力。

言而总之，聚焦民生福祉改善，政府、社会与市场优势互补、协同合作，童伴妈妈项目走出了一条公益慈善发展的康庄大道。

谢琼（北京师范大学社会学院教授）

微光者行动

点点微光，汇聚成炬

“微光者行动”专项基金由长江商学院EMBA36期学员张晓柔、王文光、唐建武、周云球、孙雪梅等50位同期校友发起，设立在北京众一公益基金会。项目关注云贵川等欠发达地区的教育发展，旨在对品学兼优、身处困境的高中学生进行成长陪伴，通过发放助学金、组织圆桌论坛与成长营等多种方式，改善学生的学习生活条件，帮助他们完成学业，更好成长。

项目初期确定贵州省遵义市习水县第一中学、四川省雅安市石棉县中学为合作学校，设立微光者行动助学金，连续3年为品学兼优、身处困境的高中学生和考入大学的学生捐赠助学金和学习用品。同时，项目组织长江商学院EMBA36期长江校友赴项目地探访，举办微光者导师圆桌论坛为学生开展励志演讲，筹备成长游学营活动，不断丰富助学内容。2022年，微光者行动获评第八届长江公益奖“年度长江公益项目”。

长江校友，汇聚微光

微光者行动专项基金执行主任、长江商学院 EMBA 36 期校友张晓柔在贵阳长大。虽然在城市读书生活，但在成长过程中，张晓柔也常常去贵阳周边城镇和乡村，目睹贵州这个曾经全国贫困人口最多、我国脱贫攻坚主战场之一的省份的城乡教育差距。创业十几年来，她点点滴滴地开展了许多教育公益项目，而入学长江商学院后，她决定号召校友们再做些力所能及的事情。

2020 年 12 月 28 日至 31 日，以长江商学院 EMBA 36 期学员为主的 50 余名校友前往贵州，举行“微光者行动——醉美黔行”公益行活动。校友走进贵州省遵义市仁怀市鲁班镇文政小学，为当地留守儿童送去暖心物资和新春祝福，并开启了微光者行动这一公益项目的筹备工作。

关于这次公益行，张晓柔历历在目。正值冬季，从贵阳到这所小学的路上下起冻雨，载着长江校友一行的大巴车在山路上发生了故障，“我们贵州那种天气，冬天冷起来是比北方还要难受的，”张晓柔回忆，“很多企业家是第一次来这边，没有经历过这种天气。车停在山路十八弯的地方，空调还坏了，虽然我是组织者，说实话我也有一点情绪。”

张晓柔和其他 EMBA 36 期校友到达这所小学时，一到六年级的学生正列着整齐的队伍站在操场上，眼前的场景令张晓柔惭

走进鲁班镇文政小学，开展“微光者行动——醉美黔行”公益行活动。

愧，“我们只是路上车坏了，而学生们在这么冷的天气里等了我们三个多小时，”同时她又感动无比，“孩子们眼睛里那种明亮的希望，真的非常温暖。”

同样让张晓柔感动的，还有一同参加此次公益行的长江校友们。也是在这次公益行中，微光者行动公益项目组建了第一届管理委员会，在长江商学院校友汪俊林支持的郎酒庄园晚宴上，校友们迅速认捐逾 300 万元人民币。

“长江的氛围就是凝聚力非常好，执行力非常强。前几年受到疫情影响，大家的企业多多少少都遇到了一些困难，但是校友们有钱的出钱，有力的出力，有资源的出资源。”据张晓柔介绍，身处旅游行业的同期校友王玲，其企业在当时无疑受到很大影响，很多业务陷入停滞状态，但在公益行中，她积极捐一份力量，免费提供大巴车和服务保障人员。

“我们因为长江这个平台聚在一起，大家都想做一点事情，为社会弱势群体提供力所能及的帮助。”同行的微光者行动专项基金秘书长、长江商学院 EMBA 36 期校友周云球回忆起 2 年多前的这次公益行，仍记得那些小学生们流露出的笑容：“曾经在创业的过程中，我也得到过别人的帮助，当我有能力去温暖他人、帮助他人、祝福他人的时候，我自己也收获了无数的感动。”

2021 年 3 月 2 日，在“女童保护”全国两会代表委员座谈会上，微光者行动专项基金宣布正式成立，设立在北京众一公益基金会下，校友们首批捐赠逾 300 万元。

2021 年 3 月 2 日，微光者行动专项基金正式对外宣布成立。

2021 年 3 月 22 日，微光者行动专项基金第一届管委会第二次会议在北京召开。

微光者行动专项基金管委会名誉主任王文光表示，希望通过微光者行动，用公益的方式践行企业社会责任，为中国的教育事业尽绵薄之力，让更多学生都能拥有公平的受教育机会，为孩子们的梦想插上翅膀，用知识改变命运，用知识带动发展。

微光助学，照亮未来

在项目的落地过程中，微光者行动专项基金主任、长江商学院 EMBA 36 期校友唐建武积极参与推动。在市场经济开始起步的 20 世纪 90 年代初，曾在四川绵阳一所中学当老师的唐建武“下海”走上创业道路，“我长期关注教育，因为我过去是老师出身，在我心目中，教育强则中国强，少年强则中国强。”

“前期，在项目学校上我们主要考虑云贵川等欠发达地区，现在的合作学校，一个在贵州遵义革命老区，一个在地震频发的四川雅安石棉县，这两所学校都是规模比较大的县城高中。”唐建武介绍。

2021 年 7 月，微光者行动专项基金在贵州习水县第一中学设立微光者行动助学金，连续 3 年每年资助 60 名品学兼优的在校困难学子以及 20 名新考入大学的品学兼优、家庭经济困难的学生每人 2000 元生活费。

随后，北京众一公益基金会理事长孙雪梅，“微光者”巨重鹤、孙茂琼等近 20 名长江商学院校友前往习水县第一中学，参

2021 年 7 月 22 日，微光者行动专项基金向习水县第一中学捐赠签约仪式。

加助学金捐赠仪式。孙雪梅理事长作为习水县第一中学的优秀校友，用自己的亲身成长经历，鼓励学弟学妹们努力进取、认真读书，任何时候都不言弃，在实现自我价值的同时，做一个对社会有贡献的人。

捐赠仪式后，长江商学院 EMBA 36 期学员巨重鹤、孙茂琼、卢坤洁、彭保太、葛永超、牟建、谢刚、陈雪、王海波、李红明、周小鹏、孙雪梅等微光者导师们为习水县第一中学 500 名学子带来了一场精彩的圆桌论坛，通过自身创业和学习经历，鼓励同学们努力学习，用知识改变命运。

2022 年 4 月，微光者行动专项基金召开第一届管委会第五次会议，确定 2022 年新增四川省雅安市石棉县中学为项目合作

微光者行动大学生助学金捐赠仪式在习水县第一中学举行。

首届微光者导师圆桌论坛在习水县第一中学举行。

学校。石棉县地处雅安、凉山、甘孜三市（州）交会地带，为少数民族县、革命老区县、汶川地震国定重灾县。石棉县中学也是该县唯一一所高级完全中学。

2022 年 6 月，微光者行动专项基金主任唐建武，执行主任张晓柔，副秘书长陈谦，微光者代表韩青、廖立辉、曹光客一行来到石棉县中学进行实地调研考察。在座谈会上，微光者行动专项基金副秘书长陈谦对学生们提出了殷切希望：“生活以痛吻我，我却报之以歌，希望接受资助的同学克服万难，再接再厉，努力学习，做一个对国家、对社会有用的人。”

唐建武在石棉县中学和受资助学生家里走访后感叹，学生们有着坚定的意志，“人穷志不穷”，同时，他也为该校学生善良

2022 年 6 月 16 日，微光者行动石棉助学项目签约仪式在四川省石棉县中学举行。

美好的品格感动。1 个月前，四川省汉源县发生 4.8 级地震，石棉县有明显震感。地震发生时，几名学生飞奔向教室后排，帮助轮椅上因病致残的同学张栩川疏散，视频在社交媒体上被广泛传播。唐建武在调研中了解到，该同学品学兼优，母亲陪他读书，在学校打零工，治疗费用存在缺口。唐建武号召所在的江鹏高球队奉献爱心，校友们半小时募集到 28.5 万元，用以支撑该同学未来很长一段时间的治疗费用。

“教育面前人人平等，无论是贫穷或是富裕家庭的孩子，都应该有平等接受教育的机会。张栩川虽然患有脊髓性肌萎缩症，但令人欣慰的是，他非常热爱生活、热爱学习，迎着各种困难逆行而上。”微光者廖立辉感言，“此次有幸和微光者们一起来到这

2022 年 6 月 16 日，微光者行动专项基金一行对四川省石棉县中学拟资助学生家庭进行走访慰问。

里，希望能通过专业的公益平台为这些学生尽一份绵薄之力，我坚信点点星火亦可燎原，束束微光照亮前程。”

这条鱼在乎，这条也在乎

许多人都熟悉一个寓言故事：小男孩在暴风雨后一条一条把水洼里的小鱼救回大海，路人问，水洼里有成百上千条鱼，你救不过来的，这样做谁会在乎呢？小男孩一边将鱼扔进大海一边回答，这条鱼在乎，这条也在乎！微光者行动也是如此。当被问及微光者行动与其他同类助学项目相比有哪些特点时，微光者行动专项基金执行主任张晓柔感言：“我觉得这个不重要。虽然现在有很多捐资助学的项目，但其实需要帮助的人也有很多。”

回到这个项目的起点。在 2020 年底临近新年的那次“微光者行动——醉美黔行”公益行活动中，张晓柔结识了一个喜欢跳舞的小女孩。元旦快到了，张晓柔问小女孩有什么新年愿望，对方说想要一双舞鞋。女孩还告诉张晓柔，她没有报班，是在舞蹈机构外面偷偷跟着学习，这让学过舞蹈的张晓柔心疼不已。

直到今天，张晓柔还和这个小女孩保持着书信联系。起初，女孩常常写信寄到张晓柔在贵阳的公司，因为长期出差，张晓柔不总能及时阅读，感到心里过意不去，她和女孩约定每隔一段固定的时间寄一次信：“到了收信的日子我一定拆开这个信，然后看完马上回复。”

“她为什么那么频繁地想给我写信呢？她的父母外出务工，她渴望陪伴，她也体会到了大姐姐带给她的正能量：只要努力学习，未来可以生活得很好，能和父母团聚，美美地成长下去。”张晓柔感叹，“助学是一方面，他们更多需要的是关爱和精神上的陪伴。”

2023 年初，张晓柔前往四川甘孜一所学校走访，这是一家兄弟企业的公益项目合作学校。在和一名高中生的交流中，张晓柔发现该名学生成绩非常好，却对未来失去了憧憬。“这个学生告诉我，他小时候有梦想，现在没有了。他说他从手机上看新闻，现在外卖员 30% 都是本科学历。”惊讶之余，张晓柔陷入了思考，“现在的学生在网上会接触到各种各样的信息，但不太会筛选信息和辨别真假，他在这个年纪看到‘躺平’等说法就被吓到了，没有人告诉他有梦想是可以成功的，他无法看清未来的路要怎么走。”

30 多年前，唐建武在中学当班主任时，每年以个人名义资助七到八名贫困的品学兼优学生。回首往日，唐建武也发现，那个时候的学生没有手机，没有电脑，只关注书本上学的东西，而现在的学生则通过手机了解到一点外面的世界，但缺乏辨别能力，需要引导。

微光者行动想把学生们带出大山，亲眼看看外面的世界，在解决经济问题之外，解决学生们思想上的问题。张晓柔介绍，前两年因疫情防控原因推迟的微光者行动成长游学营，计划在未来落地实施。游学营将带学生们去看国家的发展，滋养他们的梦想，同时邀请其他长江导师加入，一对一和学生们交流，帮他们解答学业、职业等问题。

“我想让这些学生看到一个个活生生的例子。并不是所有企业家天生就有优渥的成长环境，很多长江校友是靠着后天的努力，在社会上一点点打拼，一点点从小做到大。”张晓柔介绍，“其实我们看的多，经历的也多，面对孩子这么纯净的一张白纸，是可以输入很多东西的。通过成长游学营，我们能真正走入学生们的内心，让他们体会到一种引导，帮助他们更好地成长。”

对话微光者行动专项基金执行主任、长江商学院EMBA36期校友张晓柔

问：作为项目的发起人，您怎么理解“微光者”这几个字？

张：无论企业做多大，一个人的力量是非常有限的，但聚是一团火，大家有钱的出钱，有力的出力，有资源的出资源，所以这个项目到现在各方面进展还比较顺利。我们为什么叫“微光者”？每一个人都是点点微光，加在一起，凝聚爱的力量，能照亮更多孩子前行的道路。

问：微光者行动未来的愿景和目标有哪些？

张：目前这个项目主要还是我们36期的校友在参与，我希望可以号召更多校友参与进来，凝聚更多力量，引导项目向可持续方向发展。另外，今年也希望能把微光者行动专项基金做成一个公募项目，同时也期待可以与更多公益项目联动，因为我们每期的校友都会有各种不同的公益项目，这个是我们长江校友的优势。

问：您怎么看近年公益与商业融合的社会创新理念？怎么看商业向善？

张：对我们企业家来说，一个企业能够稳定持续发展，对员工有责任，对社会有责任，就是一种“向善”。企业稳定发展、经营壮大，我们才有资格去做很多造福社会的“向善”的事情。我们做这种捐资助学的项目，有多大的力，出多大的力，是看得见摸

得着的能够落到实处的帮助，我们和被帮助的群体是共同成长的，一起走得更好更远。

问：未来，您在公益慈善方面有哪些计划？

张： 首先，希望能把微光者行动项目继续优化一下，各方面都更完善一些，持续性地进行下去，这个算是我的一个理想。其次，在助学的路上，我还参与了其他很多项目，比如“小书包”和“温暖餐”，等等。我比较关注孩子的成长，很多时候你给别人一个小小的帮助，他会感受到无比的温暖，但我们需要去行动，需要去伸出这个手。

撰文：武晓慧

案例点评

微光者行动呈现了一种谦逊、低调，却合乎人情、力所能及的态度，代表的是一种人人可为而非高高在上的社群公益。过去，同学们靠吃饭、喝酒、聊天来联络感情、维系友谊，现在，我们靠“一起做公益”来升华感情，激发共同的生命体验。当公益和同学之情、乡邻之情以及内在的丰盈相连接时，它就是一种顺势而为、自然涌现的过程。

发起人晓柔说得好：“一个企业能够稳定持续发展，对员工有责任，对社会有责任，就是一种‘向善’。”我们关照好自己的家人、员工，然后推己及人，“老吾老，以及人之老；幼吾幼，以及人之幼”，这是传统文化滋养出来的、合乎“天道”的企业慈善观念。

微光者行动在自然、自在、自为的参与中，不断迭代观念、提升公益境界，从助学到扶志，从解决经济问题到解决思想和视野问题。长江商学院的创举正在于营造了这样一种合乎自然、人情的公益文化氛围，为校友的深度联结和内修提供了“道场”和指引。长江商学院的公益是行动的公益、学习的公益、自我成长的公益。

蓝煜昕（清华大学公益慈善研究院副院长）

后记与致谢

长江商学院社会创新的势、道、术

个体意义与社会价值

当今社会，物质日益丰富，科技高速发展，医疗能力使得人均寿命有很大提升，网络和社交媒体的普及带来工作和生活的便利，人类过上了百年前难以想象的生活。但与此同时，“内卷”“躺平”“倦怠”等词不绝于耳，似乎在现代生活的背后，隐藏着更为深刻的精神危机。

面对现代人的精神困境，也许我们可以回溯哲学家卡尔·雅斯贝尔斯所称的轴心时代，在知识、哲学、宗教最具创造性的时刻寻找启示。公元前 800 年到公元前 200 年的轴心时代，见证了耶利米、佛陀、孔子、苏格拉底等圣贤的诞生，形成了包括希伯来宗教、古希腊文明、佛教和印度教、中国的儒道思想在内的人类重要文明。轴心文明强调超越与突破，个体不断意识到自己而超越自己；提倡退而远瞻，寻找更高的精神价值，考虑个体生命的终极意义；一致认同博爱和仁慈的极端重要性。

“个体意义”“仁爱之心”，在 2000 多年之后的今天，当人类面临精神困境时，它们仍不失为一颗灵药。即便未来到达理想中的大同世界，财富极大丰富且高度共享时，人类仍需相互仁爱，寻求生活的意义。上善若水，水对生命体而言是必需的，如同善对个体、对社会的价值。

公益协同与社会创新

17 世纪，Philanthropy（公益）一词出现，由两个拉丁词根 phil 和 anthropy 组成，意思是“爱人类”，从人本精神出发，通过仁爱促进人类福祉。公益对人的自身发展具有重要意义，同时，对于发现和解决社会不同发展阶段所产生的问题，公益也具有重要价值，这也是我们所说的社会创新。面对全球性、区域性的复杂社会问题，政府、企业和社会组织需要发挥各自优势，并协同合作，推动社会的进步和发展。政府制定公共政策，维护社会公平，实现经济、环境、社会的可持续发展。企业提供就业，缴纳税收，在创造经济价值的同时履行社会责任，创造社会价值。社会组织专注于发现社会问题，提出解决方案加以实验，并引入政府、企业力量，推动社会问题的规模化解决。政府、企业、社会组织这三个部门既各美其美，又美美与共。

企业推动社会创新，
助力中国式现代化

改革开放 40 余年，中国的经济发展取得了举世瞩目的成就，GDP 位列全球第二，经济总量超过百万亿，数亿人摆脱了绝对贫困，实现了小康社会目标，这是世界发展史上了不起的奇迹。与此同时，伴随着经济高速发展，一系列社会问题也出现

了。中国的基尼系数在 0.465 到 0.467 之间，超过了国际警戒线 0.4 的标准，财富与收入分配不均成为需要解决的重要议题。以环境污染和碳排放为代价的发展方式已不再适用，绿色和低碳经济已成为时代主流。数字经济和人工智能发展日新月异，如何打破数字鸿沟、信息茧房、算法引发的过劳等问题，避免技术的负面效应，亦需要智慧的解决方案。

党的二十大报告提出以中国式现代化推进中华民族伟大复兴，并阐释了中国式现代化的 5 个核心要义。中国式现代化是人口规模巨大的现代化，是全体人民共同富裕的现代化，是物质文明和精神文明相协调的现代化，是人与自然和谐共生的现代化，是走和平发展道路的现代化。中国式现代化的提出，为处理效率与公平的关系，发展和共享的关系，物质文明和精神文明的关系，人与自然的关系，中国与世界的关系提出了非常智慧的解决方案。

在多元主体共建中国式现代化的过程中，企业，特别是民营企业发挥着举足轻重的作用。从经济建设的角度而言，民营经济具有“五六七八九”的特征。今年 7 月 19 日发布的《中共中央 国务院关于促进民营经济发展壮大的意见》中明确提到，民营经济是推进中国式现代化的生力军，是高质量发展的重要基础，是推动我国全面建成社会主义现代化强国、实现第二个百年奋斗目标的重要力量。

除了创造经济价值外，近年来，越来越多的企业意识到自己还应当为社会创造价值。企业是社会有机体当中的重要组成部分，只有社会好，企业才能好。企业的经济价值和社会价值不是零和博弈，社会价值的创造、社会问题的解决可以帮助企业找到新的增长点，从而推动经济价值的创造，实现企业的可持续发展。当企业将自身业务和社会问题结合时，凭借出色的创新能力、社会资源，企业便成为了社会问题的解决者和社会创新的重要推手。正如著名管理学家德鲁克所说，只有把社会问题变成有利可图的商机，社会问题才能得到彻底解决。

2004 年，联合国环境规划署首次提出 ESG 的概念，倡导在投资中关注环境、社会、公司治理方面的绩效而非仅关注传统财务绩效，在企业运营中将环境、社会、公司治理纳入战略和运营流程。时至今日，ESG 在世界和中国均已成为大势所趋，这也代表着全球经济的一个巨大的范式转型，即从股东利益最大化转向利益相关者制度。ESG 成为企业理解未来风险和机遇的重要框架，能帮助企业构建可持续的竞争优势，促进企业的可持续增长与发展。

2019 年，在美国“商业圆桌会议”上，181 家美国顶尖企业的企业家联合发表声明，重新定义公司的宗旨，提出企业的首要目标是创建一个更加美好的社会。他们呼吁不能只关注股东的利益，也要关注员工、客户、社区、供应链等多方的利益，推动多利益相关方共益，实现商业向善。

可以看到，越来越多的企业关注并创造社会价值，践行 ESG 与商业向善，将经济价值和社会价值的共赢作为目标，这也必将成为中国式现代化的重要力量。

长江商学院社会创新的势、道、术

长江商学院的校训“取势、明道、优术”精准阐释了长江商学院推动社会创新的初心和方法论。

取势。2001 年，中国加入世贸组织，这是中国深度参与经济全球化的重要里程碑。2002 年，长江商学院创立。如长江商学院创办院长项兵教授所期望的，长江商学院致力于在中国、为中国创办一家世界级的商学院，培养一批具有全球视野与全球资源整合能力、人文关怀与社会担当以及创新精神的商业领袖，为中国的经济发展做出贡献。20 年，弹指一挥间。2022 年，党的二十大报告提出以中国式现代化推进中华民族伟大复兴，长江商学院希望在新的发展阶段，继续引导和鼓励 2 万余名企业家校友，推动中国企业高质量、可持续发展，创造经济价值和社会价值，为中国式现代化贡献长江人的力量。

明道。一直以来，长江商学院将社会创新与公益视为战略差异化的重要组成部分。从关注企业社会责任，到“无公益，不长江”的提出，再到推动社会创新与商业向善，通过教育来引导企业家校友群体履行社会责任，创造社会价值是长江商学院过去 21 年始终坚守的“道”。功不唐捐，玉汝于成。长江商学院未来将一如既往，帮助中国企业明可持续发展之道。

优术。在知识传播方面，每一位长江学员入校时，第一门课上公益课，这是长江商学院力图向学员传递“企业家应当把履行社会责任视为价值观”这一理念的重要组成部分。长江商学院长期以来招收公益组织学员亦是如此，将商业与公益纳入同一语境之中，相互理解，彼此融合，创造性推动社会创新。在意识提升方面，为打造校园公益文化，从 2014 年起，长江商学院已经连续 9 年举办长江公益奖颁奖典礼，每年评选出“年度长江公益人物”和“年度长江公益项目”。迄今为止，长江商学院共计收到 1092 个申请，每一份申请背后都是长江校友组织、班级、拓展队和校友个人因爱而行、持之以恒的公益足迹，都是长江人之间相互启发，共生协作的公益故事。点滴积累之中，长江商学院推动企业家及其企业向善而行。在行为改变方面，朱睿教授主导的商业向善实践课程要求每位 EMBA 学员在其企业设计一项与主营业务相关的社会问题解决方案，并付诸实践。EMBA 48 小时公益学时和 MBA 24 小时公益学时的要求，各地校友组织践行公益的文化导向，都是通过制度的设计，文化的培养，使公益内化为长江企业家校友的行为方式。长江商学院吉安三位一体乡村振兴项目，长江之源社会组织培训项目均是对社会问题解决方案的探索和实践。

今年的《无公益，不长江：中国式现代化的社会创新力量 2023》是长江商学院出版的第 6 本公益案例集。除了长江公益奖的获奖项目案例之外，我们还邀请了学者、企业家、公益领域实践者共同探讨“中国式现代化的社会创新力量”这一主题，期望能与社会各界同仁一道，为中国式现代化和中国社会的发展贡献力量。

感谢项兵院长、李海涛教授、欧阳辉教授、陶志刚教授、阎爱民教授、周春生教授、朱睿教授在内的所有长江教授的理论研究和言传身教；感谢长江公益委员会、各校友组织及班级公益委员倡导和传播长江的社会创新与公益理念；感谢每一位长江人始终如一地践行着“无公益，不长江”的长江文化；感谢每一位读者，与我们一起为中国式现代化和社会创新贡献力量。

撰文：杨晓燕、金亚萍、王哲、闫雯